毎日ごちそう!

たまとじ

きじまりゅうた

青春新書
PLAYBOOKS

卵とじ＝卵を最後に入れて具材を覆う料理。

日本語では料理法をいろんな言葉で表しますが、「とじる」という表現は卵以外では使った記憶がない…かも。つまり、「独自の言葉」になるくらい、「卵とじ」は我々の生活に根づいた調理法なんでしょう。

でも今日は卵とじにしよう！って気合を入れて作る機会も少ないんですよね。カツ丼・親子丼くらいかな…。前日のおかずがちょっとだけ残ったから卵でとじちゃお、とか。作った料理が物足りないから、とりあえず卵でとじました、とかね。

今回改めて卵とじと真摯に向き合って、まず感じたのは、卵でとじるのはなにより手軽だし、具材の量や数が少なくてもボリュームが出るし、卵自体のうまみがあるから味つけも最小限でOK！　卵自体、和洋中問わず使いやすい食材だから汎用性も高い。

「とじ方」次第で食感も味も変わるから、全然飽きない。

卵とじってすごくない？

…というわけで、これまでの卵とじでは収まらなくなったので、「たまとじ」という新概念でご紹介したくなったんです。

いつものおかずが、ちょっとしたごちそうになりますよ！

毎日ごちそう！　たまとじ

きじまレシピのたまとじはこの4パターン！

ごはんとたまとじ

-menu-

パンとたまとじ

おつまみもたまとじ

-menu-

レンチンでたまとじ丼

コンビニ食材・缶詰でたまとじ

めんのたまとじとたまとじのおかずスープ

本書の決めごと

◎材料は2人分です。
◎1カップは200㎖、大さじ1は15㎖、小さじ1は5㎖です。
◎電子レンジは600Wです。

きじまレシピのたまとじは

この4パターン！

この本で登場する「たまとじ」は、

卵とじ煮〈ふっくらタイプ〉

卵とじ煮〈とろとろタイプ〉

卵とじ炒め

卵とじ焼き

の4種類。

それぞれの基本的な手順を、

「親子卵とじ」で説明します。

1 卵は溶きほぐす。鶏もも肉は1㎝角に切る。玉ねぎは繊維と平行に5㎜幅に切る。

2 フライパンに玉ねぎとⒶを入れてフタをして火にかけ、煮立ったら弱めの中火にし、2分ほど煮る。

3 鶏肉を加え、フタをして1分ほど煮る。

4 フライパンの中心に卵の1/3量を入れ、箸先で軽くほぐす。

5 20秒ほどしたら、中央以外のところに残りの卵を流し入れ、箸先で軽くほぐす。

6 フタをしてときどきゆすりながら1分ほど煮る。

親子卵とじ煮
《ふっくらタイプ》

［材料］

卵……2コ
鶏もも肉……100g
玉ねぎ……1/4コ

Ⓐ
水……3/4カップ
しょうゆ……大さじ1と1/2
みりん……大さじ1/2

4パターンのどの卵とじも、卵を溶きほぐすときは、白身を箸でつまむようにして切るのが大切です。

親子卵とじ煮
《とろとろタイプ》

[材料]
卵……2コ
鶏もも肉……100g
玉ねぎ……1/4コ

Ⓐ
水……3/4カップ
しょうゆ……大さじ1と1/2
みりん……大さじ1/2

Ⓑ
片栗粉……小さじ1
水……小さじ2

1 卵は溶きほぐす。鶏もも肉は1㎝角に切る。玉ねぎは繊維と平行に5㎜幅に切る。

2 フライパンに玉ねぎとⒶを入れてフタをして火にかけ、煮立ったら弱めの中火にし、2分ほど煮る。

3 鶏肉を加え、フタをして1分ほど煮る。

4 混ぜたⒷを加え、とろみをつける。

5 フライパンの中心から円を描くように卵を細く流し入れる。

6 全体を箸先で大きくかき混ぜ、ゆるいスクランブルエッグ状にする。

7 フタをしてときどきゆすりながら30秒ほど煮る。

親子卵とじ炒め

［材料］
卵……2コ
鶏もも肉……100g
玉ねぎ……1/4コ
サラダ油……大さじ1/2

Ⓐ しょうゆ……大さじ1
みりん……大さじ1/2

1 卵は溶きほぐす。鶏もも肉は1㎝角に切る。玉ねぎは繊維と平行に5㎜幅に切る。

2 フライパンにサラダ油を熱して鶏肉を炒め、表面の色が変わってきたら玉ねぎを加えてしんなりするまで炒める。

3 Ⓐを加え、汁気を飛ばしながら炒める。

4 卵を流し入れる。

5 ゴムベラなどで大きくかき混ぜ、好みのかたさになるまで炒める。

親子卵とじ焼き

[材料]

卵……2コ
鶏もも肉……100g
玉ねぎ……1/4コ
サラダ油……大さじ1/2

Ⓐ しょうゆ……大さじ1
みりん……大さじ1/2

1 卵は溶きほぐす。鶏もも肉は1㎝角に切る。玉ねぎは繊維と平行に5㎜幅に切る。

2 フライパンにサラダ油を熱して鶏肉を炒め、表面の色が変わってきたら玉ねぎを加えてしんなりするまで炒める。

3 Ⓐを加え、汁気を飛ばしながら炒める。

4 卵を流し入れる。

5 表面が半熟状にかたまるまで、ゴムベラなどで大きくかき混ぜる。

6 フタをして底面を焼きかためる。

ごはん
と
たまとじ

豚バラ煮込みの卵とじ
ごはんのおかずなら、まずは王道の甘辛味で

材料

卵……２コ
豚バラ薄切り肉……100g
長ねぎ……1/2本
七味唐辛子……少々

Ⓐ
水……1/2カップ
しょうゆ……大さじ1と1/2
砂糖……大さじ１
みりん……大さじ１

作り方

1 卵は溶きほぐす。豚肉は４cm 長さに切る。長ねぎは 1cm 幅 6cm 長さの斜め切りにする。

2 フライパンに長ねぎとⒶを入れてフタをして火にかけ、煮立ったら弱めの中火にし、２分ほど煮る。

3 フタを取り、豚肉を入れてさっと煮る。肉の色が変わったら全体に卵を流し入れ、箸先で軽く混ぜ、フタをしてときどきゆすりながら 30 秒ほど煮る。盛りつけて七味唐辛子をふる。

厚揚げキムチの卵とじ

みそ、キムチ、そして卵で、まろやかコクうまピリ辛味

材料

卵……2コ
厚揚げ……1枚(100g)
しめじ……50g
キムチ……50g
黒すりごま……少々

Ⓐ
水……1/2カップ
みそ……大さじ1
オイスターソース……大さじ1/2

作り方

1. 卵は粗く溶きほぐす。厚揚げは1・5㎝厚さのひと口大に切り、しめじは石づきを取り除く。キムチは食べやすい大きさに切る。
2. フライパンに厚揚げ、しめじ、キムチ、Ⓐを入れてフタをして火にかけ、煮立ったら弱火で5分ほど煮る。
3. 弱めの中火にし、卵を全体に流し入れ、箸先で軽く混ぜ、フタをしてときどきゆすりながら1分ほど煮る。盛りつけて黒すりごまをふる。

トマトとしそのとろみ卵とじ

トマトの酸味としそのさわやかな風味が新鮮です

材料

卵……3コ
トマト……1コ
しそ……4枚

Ⓐ
水……3／4カップ
顆粒鶏がらスープ……小さじ2
おろししょうが……小さじ1

Ⓑ
片栗粉……小さじ1
水……小さじ2

作り方

1. 卵は溶きほぐす。トマトはヘタを取り除いて半分の高さに切り、ひと口大のクシ型に切る。
2. フライパンにⒶを入れて火にかけ、煮立ったら弱めの中火にし、トマトを入れてさっと煮て、混ぜたⒷでとろみをつける。
3. しそをちぎって加え、卵を全体に流し入れ、大きくかき混ぜてゆるいスクランブルエッグ状になったら、フタをしてときどきゆすりながら30秒ほど煮る。

白菜と油揚げの落とし卵とじ

〝巣ごもり〟仕立ては、半熟の黄身がお楽しみ

材料

卵……2コ
白菜……100g
油揚げ……1枚

Ⓐ
水……3／4カップ
オイスターソース……大さじ1／2
しょうゆ……大さじ1／2

作り方

1. 白菜は繊維と垂直に1㎝幅、油揚げは1㎝幅に切る。
2. フライパンに白菜、油揚げ、Ⓐを入れてフタをし、火にかけて煮立ったら、弱火で5分ほど煮る。
3. 弱めの中火にして卵を割り入れ、フタをしてときどきゆすりながら2分ほど煮る。

塩さけとにらの卵とじ

いつもは焼くだけの塩さけも、たまとじで大変身！

材料

卵……2コ
塩さけ……2切れ
にら……1／2束
粗びき黒こしょう……少々

Ⓐ
水……1カップ
おろしにんにく……小さじ1／2

作り方

1. 卵は粗く溶きほぐす。にらは1㎝幅に切る。さけはキッチンペーパーで水気を拭く。
2. フライパンにⒶを合わせ、フタをして火にかける。煮立ったらさけを入れ、フタをして弱火で2分ほど煮る。
3. さけの色が変わったらフタを取って弱めの中火にし、にらを加え、卵を全体に流し入れ、箸先で軽く混ぜる。フタをして、ときどきゆすりながら1分ほど煮る。盛りつけて粗びき黒こしょうをふる。

マーボー卵とじ

ピリ辛まろやかな、新しい麻婆豆腐ができました

材料

卵……2コ
豚ひき肉……100g
木綿豆腐……1／2丁
細ねぎ……3本
ごま油……小さじ1

Ⓐ
水……1カップ
オイスターソース……大さじ1
しょうゆ……大さじ1／2
豆板醤……小さじ1
おろしにんにく……小さじ1／2

Ⓑ
片栗粉……大さじ1／2
水……大さじ1

作り方

1. 卵は溶きほぐす。豆腐は1㎝角に切る。細ねぎは小口切りにする。
2. フライパンにごま油を熱し、豚ひき肉をパラパラになるまで炒める。
3. Ⓐと豆腐を入れてフタをして、煮立ったら弱火で4分ほど煮る。
4. 弱めの中火にし、混ぜたⒷを加えてとろみがついたら、卵を全体に流し入れて大きくかき混ぜ、フタをして1分半ほど煮る。盛りつけて細ねぎをちらす。

ねぎまの卵とじ

お買い得なまぐろを見つけたら、作るチャンスです！

材料

卵……3コ
まぐろの刺身……100g
長ねぎ……1本

Ⓐ
水……3／4カップ
しょうゆ……大さじ1と1／2
みりん……大さじ1と1／2
砂糖……大さじ1／2

作り方

1. 卵は粗く溶きほぐす。長ねぎは1㎝間隔に切れ目を入れて4㎝長さに切る。
2. フライパンに長ねぎとⒶを合わせてフタをして火にかけ、煮立ったら弱火で5分ほど煮る。
3. フタを取って弱めの中火にし、まぐろを入れてさっと煮たら、卵を全体に流し入れ、箸先で軽く混ぜる。フタをしてときどきゆすりながら1分ほど煮る。

かきのみそ煮卵とじ

寒い季節にぜひ食べたい、お手軽な土手鍋風

材料

卵……3コ
かき……6コ（200g）
焼き豆腐……1／2丁
かいわれ菜……1／2パック

Ⓐ
水……1／2カップ
みそ……大さじ1
みりん……大さじ1

作り方

1. 卵は粗く溶きほぐす。焼き豆腐は1・5㎝幅に切る。
2. フライパンにⒶと豆腐を入れてフタをして火にかけ、煮立ったら弱火で3分ほど煮る。
3. フタを取って弱めの中火にし、かきを入れてさっと煮たら、卵を全体に流し入れ、箸先で軽く混ぜ、かいわれ菜をのせる。フタをしてときどきゆすりながら30秒ほど煮る。

八宝菜卵とじ

卵が入るから、栄養バランスがさらにアップ！

材料

卵……3コ
白菜……100g
きくらげ……2g
ハム……2枚
サラダ油……小さじ1

Ⓐ
水……3／4カップ
オイスターソース……大さじ1と1／2
塩……少々

Ⓑ
片栗粉……小さじ1
水……小さじ2

作り方

1 卵は溶きほぐす。きくらげは水でもどす。白菜は2㎝幅のそぎ切りに、ハムは2㎝角に切る。

2 フライパンにサラダ油を熱し、白菜、きくらげ、ハムを2分ほど炒め、Ⓐを入れてフタをし、煮立ったら弱火で3分ほど煮る。

3 弱めの中火にし、混ぜたⒷを加えてとろみがついたら、大きくかき混ぜながら、卵を流し入れる。半熟状になったらフタをして30秒ほど煮る。

炒り豆腐の卵とじ

ほの甘い、やさしい味のおかずです

材料

卵……2コ
木綿豆腐……1／2丁
玉ねぎ……1／2コ
ごま油……大さじ1／2
焼き海苔……適量

Ⓐ
水……1／2カップ
めんつゆ（3倍濃縮タイプ）……大さじ2

作り方

1. 卵は溶きほぐす。厚手のキッチンペーパーの上で豆腐をつぶし、ペーパーではさんで水気を押ししぼる。玉ねぎは7～8㎜角のみじん切りにする。
2. フライパンにごま油を熱し、豆腐をパラパラになるまで炒め、玉ねぎを加えてしんなりするまで炒める。
3. 弱めの中火にし、Ⓐを入れて煮立ったら、卵を全体に流し入れ、大きくかき混ぜながら卵がパラッとするまで炒める。盛りつけてちぎった焼き海苔をのせる。

三つ葉としらすの卵とじ

食べてる途中で生の卵黄をつぶせば、二度おいしい

材料

卵……3コ
しらす……30g
糸三つ葉……1束
Ⓐ 水……3／4カップ
めんつゆ（3倍濃縮タイプ）……大さじ1

作り方

1. 卵は卵黄を1コ残し、残りは溶きほぐす。三つ葉は3㎝長さに切り、仕上げ用に少量取り分ける。
2. フライパンにⒶを合わせてフタをして火にかけ、煮立ったらしらすと三つ葉を入れてさっと煮る。
3. 弱めの中火にし、卵を全体に流し入れ、大きく混ぜてゆるいスクランブルエッグ状になったら、フタをして30秒ほど煮る。盛りつけて卵黄を落とし、仕上げ用の三つ葉をちらす。

玉ねぎの照り焼き卵とじ

たまとじなら、玉ねぎだけでもおかずになります

材料

卵……2コ
玉ねぎ……1／2コ
ごま油……大さじ1／2
とろろ昆布……適量

Ⓐ
しょうゆ……大さじ1
砂糖……大さじ1／2

作り方

1. 卵は溶きほぐす。玉ねぎは繊維と垂直に1㎝幅の半月切りにする。
2. フライパンにごま油を熱し、玉ねぎをしんなりするまで炒める。
3. Ⓐで調味し、弱めの中火にして、汁気が少なくなったら全体に卵を加え、半熟状にかたまるまで大きく混ぜる。盛りつけてとろろ昆布をのせる。

焼きアスパラと桜えびの卵とじ焼き

目にもおいしい、華やかな春のたまとじです

材料

卵……2コ
アスパラガス……4本
桜えび……大さじ1
サラダ油……小さじ1

Ⓐ
塩……少々
粗びき黒こしょう……少々

作り方

1. 卵は溶きほぐす。アスパラガスは下半分の皮をむき、4㎝長さに切る。
2. フライパンにサラダ油を熱し、アスパラガスをさっと炒める。
3. 桜えびとⒶを加え、卵を全体に流し入れて大きくかき混ぜ、半熟状になったらフタをして弱めの中火で30秒ほど蒸し焼きにする。

切り干し大根とパクチーの台湾風卵とじ焼き

食感が楽しい、台湾の家庭料理

材料

卵……2コ
切り干し大根……20g
パクチー……1／2束
ごま油……小さじ2
オイスターソース……適宜

Ⓐ
水……大さじ2
塩……少々

作り方

1. 卵はしっかりと溶きほぐし、Ⓐを混ぜる。切り干し大根はさっと洗って2～3㎝長さに切る。パクチーは2～3㎝長さに切り、葉先を仕上げ用に少量取り分ける。
2. フライパンにごま油を熱し、切り干し大根とパクチーをさっと炒め、卵を流し入れて大きくかき混ぜ、半熟状になったらしばらく焼き、底面がかたまったら裏返し、両面焼く。盛りつけて好みでオイスターソースをかけ、仕上げ用のパクチーの葉先を添える。

塩もみきゅうりのチャンプルー

マヨネーズ入りの卵と、しんなりきゅうりの炒め物

材料

卵……2コ
マヨネーズ……大さじ1
きゅうり……1本
塩……小さじ1／2
かつお削り節……適量
サラダ油……小さじ1

作り方

1. ボウルに卵とマヨネーズを入れて溶き混ぜる。
2. きゅうりは縦半分に切って7～8㎜幅4㎝長さの斜め切りにし、袋に入れて塩を加え、5分ほどおいて塩もみし、水気をしぼる。
3. フライパンにサラダ油を熱し、きゅうりを加えて2分ほど炒め、1の卵液を流し入れて大きくかき混ぜ、卵に火が通ったら盛りつけ、かつお削り節をかける。

パンとたまとじ

じゃがいもの卵とじ、生ハムのっけ

パンとワインと、この一皿があれば言うことナシ！

材料

卵……2コ
じゃがいも……1コ
生ハム……30g
粒マスタード……適量
水……1カップ
Ⓐ 顆粒コンソメ……小さじ1
おろしにんにく……小さじ1/4

作り方

1. 卵は粗く溶きほぐす。じゃがいもは皮をむいて7～8㎜幅の半月切りにし、水（分量外）に2分ほどさらす。
2. フライパンにじゃがいもと水1カップを入れてフタをして火にかけ、沸騰したら弱火で7～8分ゆでる。
3. 弱めの中火にしてⒶで調味し、全体に溶き卵を流し入れて箸先で軽く混ぜ、フタをして30秒ほど蒸し煮にする。盛りつけて生ハムとマスタードをのせる。

アボカドのクリーム卵とじ

アボカド、生クリーム、卵――3つのとろ～り食材で

材料

卵……2コ
アボカド……1コ
しめじ……50g
生クリーム……大さじ4

Ⓐ
水……大さじ4
白ワイン……大さじ1
塩……小さじ1／4

作り方

1. 卵は溶きほぐす。アボカドは皮をむいて1㎝幅に切る。しめじは石づきを取り除いて粗くほぐす。
2. フライパンにしめじとⒶを合わせ、フタをして火にかける。煮立ったら、生クリームとアボカドを加え、温まるまで1～2分煮る。
3. 弱めの中火にし、全体に卵を流し入れて箸先で軽く混ぜ、フタをして1分ほど蒸し煮にする。

豚こまとキャベツのカレー卵とじ

味つけはカレールーだけなので超手軽！

材料

卵……2コ
豚こま切れ……50g
キャベツ……100g
カレールー(市販)……1皿分
水……1カップ

作り方

1. 卵は溶きほぐす。豚肉とキャベツは1cm幅の細切りにする。カレールーは粗く刻む。
2. フライパンにキャベツと水を入れてフタをして火にかけ、沸騰したら豚肉を入れてほぐし、カレールーを加える。ルーが溶けて、とろみがつくまで2分ほど煮る。
3. 弱めの中火にし、大きくかき混ぜながら卵を流し入れ、半熟状にかたまったら盛りつける。

チーズとブロッコリーの卵とじ

ありそうでなかった!? カマンベールと卵は相性抜群です

材料

卵……2コ
カマンベールチーズ……1/2コ(50g)
ブロッコリー……100g
粗びき黒こしょう……少々
Ⓐ
水……3/4カップ
顆粒コンソメ……小さじ1

作り方

1 卵は溶きほぐす。ブロッコリーは小さめの小房に分ける。

2 フライパンにⒶとブロッコリーを入れて弱めの中火にかけ、煮立ったらチーズをちぎって加え、フタをする。

3 チーズが溶けはじめたら、卵を全体に流し入れ、箸先で軽く混ぜ、フタをして1分ほど蒸し煮にする。盛りつけて粗びき黒こしょうをふる。

卵とじのっけサラダ

いつものサラダをスクランブルエッグでとじてみました

材料

卵……3コ
生野菜（サニーレタス・トマトなど）……適量
好みのドレッシング……適量
粗びき黒こしょう……少々

Ⓐ
牛乳……1／4カップ
塩……少々

作り方

1. 卵は溶きほぐす。生野菜は食べやすい大きさに切って盛りつける。
2. フライパンにⒶを合わせて火にかけ、煮立ったら弱めの中火にし、卵を流し入れて、木ベラなどで大きくかき混ぜる。
3. スクランブルエッグ状になったら、1の野菜にのせる。ドレッシングをかけ、粗びき黒こしょうをふる。

マッシュルームのアヒージョ卵とじ

おいしい油でフライド卵とじという犯則ワザ

材料

卵……2コ
ブラウンマッシュルーム……50g
にんにく……2かけ
唐辛子……2本
オリーブ油……1／2カップ

Ⓐ
塩……小さじ1／4
粗びき黒こしょう……少々

作り方

1 卵は溶きほぐす。マッシュルームは縦半分に、にんにくは粗みじん切りにする。

2 フライパンにマッシュルーム、にんにく、唐辛子を入れてⒶを混ぜ合わせ、オリーブ油を加えて火にかける。

3 マッシュルームがやわらかくなったら、卵を全体に流し入れ、大きくかき混ぜる。卵が浮き上がってきたらできあがり。

焼きトマトの卵とじ

トマトのオムレツ風に、マヨ&ピーナツをトッピング

材料

卵……2コ
トマト……1コ
オリーブ油……大さじ1／2
マヨネーズ……適量
バターピーナツ(砕く)……適量

Ⓐ
牛乳……大さじ2
顆粒コンソメ……小さじ2

作り方

1. 卵は溶きほぐしてⒶを混ぜる。トマトは2㎝幅の半月切りにする。
2. フライパンにオリーブ油を熱し、トマトをさっと炒める。
3. 全体に1の卵液を流し入れて大きくかき混ぜ、スクランブルエッグ状にかたまったら盛りつける。マヨネーズをかけ、バターピーナツをちらす。

ポークランチョンミートの卵とじ

ランチョンミートも卵で大きくとじて焼けば豪華なひと品に

材料

卵……2コ
ポークランチョンミート……200g
オリーブ油……大さじ1／2
ケチャップ……適量
カットレモン……適宜

作り方

1. 卵は溶きほぐす。ポークランチョンミートは4～5㎝四方5㎜厚さに切る。
2. フライパンにオリーブ油をひいてポークランチョンミートを並べ入れ、火にかける。
3. 両面に焼き色がついたら、卵を全体に流し入れて、箸先でほぐし、ポークランチョンミートの下にも卵液を流し入れる。
4. フタをして2分ほど蒸し焼きにし、表面がかたまりはじめたら盛りつけ、ケチャップと好みでレモンを添える。

ソース味のにんじんしりしり

炒めたにんじんをまとめて巣ごもり風！

材料

卵……2コ
にんじん……1本
ツナ(缶詰)……1缶
サラダ油……小さじ1
中濃ソース……適量

作り方

1. にんじんはスライサーなどで細切りにする。
2. フライパンにサラダ油を熱し、にんじんとツナをさっと炒め、中濃ソース大さじ1で調味する。
3. 炒めたにんじんとツナをフライパンの中で2等分して小山を作り、それぞれの中央に卵を割り入れる。
4. フタをして2〜3分蒸し焼きにする。卵がかたまったら盛りつけ、中濃ソースをかける。

じゃがいもの卵ガレット

生地にも卵を混ぜて、フランスの素朴な料理をアップグレード

材料

卵……2コ
じゃがいも……2コ
塩……小さじ1／4
オリーブ油……大さじ1
ピザ用チーズ……20g

Ⓐ
塩……少々
粗びき黒こしょう……少々

作り方

1. じゃがいもはスライサーなどで細切りにしてボウルに入れ、卵1コ、塩を加えてよくかき混ぜる。
2. フライパンにオリーブ油を熱し、1のじゃがいもを入れて平らにならす。
3. 底面に焼き色がついたら裏返し、全体にチーズをちらし、中心に卵を割り入れる。
4. フタをして4分ほど蒸し焼きにし、火が通ったら盛りつけてⒶをふる。

おつまみ も たまとじ

にらとしいたけの揚げ玉卵とじ

揚げ玉がいい仕事をしすぎて、お酒がすすむ！

材料

卵……2コ
にら……1/2束
しいたけ……小3枚
揚げ玉……大さじ3

Ⓐ 水……大さじ5
Ⓐ 焼肉のたれ……大さじ3

作り方

1. 卵は粗く溶きほぐす。にらは4cm長さに切る。しいたけは傘と軸をそれぞれ5㎜幅に切る。
2. フライパンにⒶとしいたけを入れてフタをして火にかけ、煮立ったら弱めの中火で2分煮る。
3. にらを加え、さらに1分ほど煮る。
4. 弱めの中火にして揚げ玉をちらし、卵を全体に流し入れて箸先で軽く混ぜ、フタをしてときどきゆすりながら、1分半ほど蒸し煮にする。

刺身の卵とじ

特売の刺身をさっと煮れば、小料理屋の小鉢のよう

材料

卵……3コ
白身魚の刺身……1パック分(75g)
かいわれ菜……1／2パック

Ⓐ
水……大さじ3
酒……大さじ3
みりん……大さじ3
しょうゆ……小さじ1
塩……小さじ1／4

作り方

1. 卵は粗く溶きほぐす。かいわれ菜は根元を切り落として半分の長さに切る。
2. フライパンにⒶを合わせて火にかけ、煮立ったら1分半ほどさらに煮てアルコール分を飛ばす。
3. 刺身とかいわれ菜を入れて弱めの中火にし、卵を全体に流し入れる。
4. 大きくかき混ぜてゆるいスクランブルエッグ状になったら、フタをして1分ほど蒸し煮にする。

納豆とキャベツの梅肉卵とじ

今宵は、ヘルシーおつまみで一杯やりませんか？

材料

卵……2コ
キャベツ……100g
納豆……1パック
梅干し……1コ

Ⓐ
水……3／4カップ
みりん……小さじ2
ごま油……小さじ1
塩……小さじ1／4

作り方

1. 卵は粗く溶きほぐす。キャベツは3㎝角に切る。梅干しはちぎる。
2. フライパンに梅干しを種ごと入れ、Ⓐとキャベツを加えてフタをして火にかける。煮立ったら弱めの中火で3分ほど煮る。
3. 納豆をかき混ぜずに加えて軽くほぐし、煮立ったら卵を全体に流し入れる。
4. 箸先で軽く混ぜ、フタをしてときどきゆすりながら1分ほど蒸し煮にする。

じゃこなすの卵とじ

あつあつはもちろん、実は冷やしてもうまいんです

材料

卵……2コ
なす……2本
サラダ油……小さじ2
細ねぎの小口切り……2本分
粉山椒……適宜

Ⓐ
水……1／2カップ
めんつゆ（3倍濃縮タイプ）……大さじ3
ちりめんじゃこ……10g

作り方

1. 卵は粗く溶きほぐす。なすはヘタを切り落として縦半分に切り、皮に5㎜間隔の浅い切り込みを斜めに入れ、半分の長さに切る。
2. フライパンにサラダ油を熱し、なすを皮を下にして並べ入れ、フタをして弱めの中火で3分ほど蒸し焼きにする。
3. なすを裏返し、Ⓐを加えてフタをして5分煮る。
4. 弱めの中火にし、卵を全体に流し入れる。箸先で軽く混ぜ、フタをしてときどきゆすりながら、1分半ほど蒸し煮にする。
5. 盛りつけて細ねぎをちらし、好みで粉山椒をふる。

オクラと豆腐の豆乳卵とじ

これも温冷どちらもおすすめ。日本酒によくあいます

材料

卵……2コ
オクラ……5本
絹ごし豆腐……1／2丁
かつお削り節……適量

Ⓐ
豆乳……1／2カップ
水……大さじ3
めんつゆ（3倍濃縮タイプ）……大さじ1
塩……少々

作り方

1. 卵は粗く溶きほぐす。オクラは5㎜幅の輪切りにする。
2. フライパンにⒶを合わせ、豆腐を1㎝角に切って加え、弱めの中火にかける。
3. 温まってきたらオクラを入れ、とろみが出てきたら卵を全体に流し入れる。
4. 大きくかき混ぜてゆるいスクランブルエッグ状になったら盛りつけ、かつお削り節をかける。

長いもとベーコンの焼き卵とじ

ベーコンエッグの黄身に長いもをからめて召しあがれ

材料

卵……2コ
長いも……100g
スライスベーコン（ハーフ）……4枚
オリーブ油……大さじ1／2

Ⓐ
バルサミコ……適量
塩……少々
粗びき黒こしょう……少々

作り方

1. ベーコンは1㎝幅に、長いもは皮をむいて1㎝幅の半月切りにする。
2. フライパンにベーコンとオリーブ油を入れて中火にかけ、ベーコンから脂が出てきたら長いもを入れてさっと炒める。
3. 卵を割り入れ、フタをして2分ほど蒸し焼きにし、白身がかたまったら盛りつけ、Ⓐをかける。

ししとうとさきいかの焼き卵とじ

うまみに！食感に！　卵の中で、さきいか大活躍

材料

卵……2コ
ししとう……8本
さきいか……15g
ごま油……大さじ1／2

Ⓐ
水……大さじ3
塩……少々

作り方

1. さきいかは2～3㎝長さに切ってボウルに入れ、Ⓐをからめて3分ほどおいて、やわらかくする。
2. 卵を①のボウルに割り入れて溶きほぐす。
3. ししとうは側面に切り込みを入れる。
4. フライパンにごま油を熱してししとうを並べ入れ、全体に薄い焼き色がついたら②を全体に流し入れ、大きくかき混ぜ、半熟状になったら盛りつける。

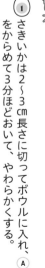

紅しょうがと揚げ玉のお好み卵炒め

糖質は気にしてないけど、粉ものいらずのお好み焼き

材料

卵……3コ
長ねぎ……1本
紅しょうが……大さじ3
揚げ玉……大さじ2
サラダ油……大さじ1／2
中濃ソース……大さじ2

作り方

1. 卵は溶きほぐす。長ねぎは小口切りにする。
2. フライパンにサラダ油を熱し、長ねぎと紅しょうがをしんなりするまで炒める。
3. 卵を入れて大きくかき混ぜ、半熟状になったら揚げ玉をちらし、フタをして1分ほど焼く。盛りつけて中濃ソースをかける。

焼きねぎのポン酢卵とじ炒め

酢っぱい卵とじは、ビール、日本酒、ワイン…どんなお酒も受けとめます

材料

卵……2コ
長ねぎ……1本
サラダ油……大さじ1／2
青のり粉……適量

Ⓐ
ポン酢しょうゆ……大さじ3
青のり粉……小さじ1

作り方

1. 卵は粗く溶きほぐし、Ⓐを混ぜ合わせる。
2. 長ねぎは1㎝幅5㎝長さの斜め切りにする。
3. フライパンにサラダ油を熱し、長ねぎをしんなりするまで炒める。
4. ①の卵液を入れて大きくかき混ぜ、スクランブルエッグ状になったら盛りつけ、青のり粉をふる。

春菊のマヨ卵炒め

マヨネーズを混ぜた卵は、いつもよりふっくら

材料

卵……2コ
春菊……1／2束（75g）
マヨネーズ……適量
Ⓐ
しょうゆ……小さじ1
砂糖……小さじ1

作り方

1. ボウルに卵、マヨネーズ大さじ1を入れて溶き混ぜる。
2. 春菊は4㎝長さに切る。
3. フライパンにマヨネーズ大さじ1／2を入れて火にかけ、溶けてきたら春菊を入れてしんなりするまで炒め、Ⓐを加える。
4. 全体になじんだら①の卵液を加えて大きくかき混ぜ、炒り卵状になるまで炒める。盛りつけて好みでマヨネーズを添える。

レンチンでたまとじ丼

いろいろ焼き鳥の親子卵とじ丼

お惣菜の焼き鳥と電子レンジで。お手軽だけど絶品です

材料

卵……2コ
卵黄……2コ
焼き鳥(もも、つくねなど)……4本
玉ねぎ……1/4コ
ごはん……2膳

A 水……大さじ3
添付のたれ＋めんつゆ(3倍濃縮タイプ)……合わせて大さじ3

作り方

1. 卵は溶きほぐす。焼き鳥は串からはずす。玉ねぎは繊維と並行に5㎜幅に切る。
2. 大きめの耐熱ボウルに焼き鳥、玉ねぎ、Aを入れて混ぜ合わせ、ラップをして電子レンジで5分加熱する。
3. 具材を一度かき混ぜ、卵を全体に流し入れて箸先で軽く混ぜ、ラップをして電子レンジで1分加熱する。ごはんにのせ、卵黄をトッピングする。

ツナと小松菜の海苔煮卵とじ丼

ごはんがすすむ！ 磯の香りのたまとじ

材料

卵……2コ
ツナ（缶詰）……1缶
小松菜……50g
焼き海苔……適量
ごはん……2膳

Ⓐ
水……大さじ3
めんつゆ（3倍濃縮タイプ）……大さじ3

作り方

1. 卵は溶きほぐす。小松菜の茎は4㎝長さに、葉は2㎝幅に切る。海苔は小さくちぎる。
2. 大きめの耐熱ボウルにⒶ、ツナ、小松菜の茎、海苔を混ぜ合わせ、小松菜の葉をのせ、ラップをして電子レンジで4分加熱する。
3. 具材を一度かき混ぜ、卵を全体に流し入れて大きくかき混ぜ、ラップをして電子レンジで1分加熱する。ごはんにのせる。

チリビーンズ風卵とじ丼

ピリ辛な豆料理を卵でまとめて、ごはんにドン！

材料

卵……2コ
豆の水煮……50g
トマトの水煮(缶詰)……100g
ごはん……2膳
タバスコ……適宜

Ⓐ
水……大さじ1
おろしにんにく……小さじ1／2
塩……小さじ1／2
一味唐辛子……少々

作り方

1. 卵は溶きほぐす。
2. 大きめの耐熱ボウルに豆の水煮、トマトの水煮、Ⓐを混ぜ合わせ、ラップをして電子レンジで4分加熱する。
3. 具材を一度かき混ぜ、卵を流し入れて箸先で軽く混ぜ、ラップをして電子レンジで1分加熱する。ごはんにのせ、好みでタバスコをかける。

キャベツとさつま揚げのおかか卵とじ丼

ごはんと別盛りにせず、あえて丼にしてワシャワシャ食べる！

材料

卵……2コ
キャベツ……50g
さつま揚げ……2枚（100g）
ごはん……2膳
かつお削り節……適量

Ⓐ
水……大さじ4
みそ……大さじ2
みりん……大さじ2
ごま油……大さじ1／2

作り方

1. 卵は溶きほぐす。キャベツとさつま揚げは7～8㎜幅の細切りにする。
2. 大きめの耐熱ボウルにキャベツ、さつま揚げ、Ⓐを混ぜ合わせ、ラップをして電子レンジで4分加熱する。
3. 具材を一度かき混ぜ、卵を全体に流し入れて箸先で軽く混ぜ、ラップをして電子レンジで1分加熱する。ごはんにのせ、かつお削り節をかける。

コンビニ食材・缶詰

で

たまとじ

さばのトマト卵とじ

缶詰料理で、コンビニ料理…なのに、こんなにごちそうに！

材料

卵……3コ　　さばの水煮（缶詰）……1缶（150g）

Ⓐ
- トマトジュース……1/2カップ
- 塩……少々

Ⓑ
- オリーブ油……適量
- 粗びき黒こしょう……少々

作り方

1. 卵は粗く溶きほぐす。
2. フライパンにⒶとさばの水煮を汁ごと入れてさばを粗くほぐし、フタをして火にかける。
3. 煮立ったら弱めの中火で2分ほど煮て、卵を全体に流し入れる。
4. 箸先で軽く混ぜ、フタをしてときどきゆすりながら、1分半ほど蒸し煮にする。盛りつけて好みでⒷをかける。

ツナと白菜漬けの卵とじ

白菜ではなく、白菜漬けを使った意味が、食べればわかる！

材料

卵……3コ
ツナ（缶詰）……1缶
白菜漬け……80g

Ⓐ
水……大さじ3
白菜漬けの汁……大さじ3

Ⓑ
しょうゆ……適量
七味唐辛子……少々

作り方

1. 卵は粗く溶きほぐす。
2. フライパンにⒶ、ツナ、白菜漬けを入れて粗くほぐし、フタをして火にかける。
3. 煮立ったら弱めの中火で3分ほど煮て、卵を全体に流し入れる。
4. 箸先で軽く混ぜ、フタをしてときどきゆすりながら、2分ほど蒸し煮にする。盛りつけてⒷをかける。

春雨とザーサイの中華卵とじ

小腹が減った、でもカロリーは気になる…そんな人に

材料

卵……2コ
春雨……50g
ザーサイ……30g

Ⓐ
水……1と1／2カップ
顆粒鶏がらスープ……大さじ1／2
塩……少々

Ⓑ
いりごま(白)……小さじ1
ラー油……適量

作り方

1. 卵は粗く溶きほぐす。春雨は熱湯でもどす。
2. フライパンにⒶとザーサイを合わせ、フタをして火にかけ、煮立ったら春雨を加え、フタをして弱めの中火で4分ほど煮る。
3. 卵を全体にゆっくり流し入れ、箸先で軽く混ぜ、フタをして1分ほど蒸し煮にする。盛りつけてⒷをふる。

かにかまとグリーンピースの甘酢あん卵とじ

卵焼きとあんかけを、たまとじなら一発で作れます

材料

卵……2コ
かにかま……5本
グリーンピース……大さじ2

Ⓐ
水……大さじ5
ポン酢しょうゆ……大さじ2
砂糖……小さじ1
顆粒鶏がらスープ……小さじ1／2

Ⓑ
片栗粉……小さじ1
水……小さじ2

作り方

1. 卵は溶きほぐす。かにかまは半分の斜め切りにする。
2. フライパンにかにかまとⒶを合わせ、フタをして火にかけ、煮立ったら混ぜたⒷを加えてとろみをつける。
3. 弱めの中火にして卵を全体に流し入れ、大きくかき混ぜて全体が半熟状になったらグリーンピースをちらし、フタをして1分ほど蒸し煮にする。

ミートソースとフライドポテトの卵とじ

ときにはカロリーなんか気にせず、ガッツリいきましょう!

材料

卵……2コ
ミートソース（市販）……80g
水……1／2カップ
フライドポテト……1パック（100g）
スライスチーズ……2枚

作り方

1. 卵は溶きほぐす。
2. フライパンにミートソースと水を合わせて火にかけ、煮立ったらフライドポテトを加えて温める。
3. 弱めの中火にし、卵を全体に流し入れて大きくかき混ぜ、半熟状になったら、スライスチーズをのせてフタをし、30秒ほど蒸し煮にする。

ソースコロッケ卵とじ

お弁当にも丼にもいい、甘辛の懐かしい味

材料

卵……2コ
コロッケ……2コ
玉ねぎ……1／2コ
中濃ソース……適宜

Ⓐ
水……3／4カップ
めんつゆ（3倍濃縮タイプ）……大さじ1と1／2
中濃ソース……大さじ1と1／2

作り方

1 卵は溶きほぐす。コロッケはトースターなどで温める。玉ねぎは繊維と平行に5㎜幅に切る。

2 フライパンに玉ねぎとⒶを合わせ、フタをして火にかけ、煮立ったら弱火で3分ほど煮る。

3 弱めの中火にし、コロッケを入れて、卵を全体に流し入れ、フタをしてときどきゆすりながら2分ほど煮る。

4 卵がかたまったら盛りつけ、好みでソースをかける。

めかぶとサラダチキンの卵とじ

とろっとめかぶが楽しい、サラダチキンの親子とじ

材料

卵……3コ
めかぶ……1パック（35g）
サラダチキン……1パック（100g）

Ⓐ
水……1／2カップ
めんつゆ（3倍濃縮タイプ）……大さじ1

作り方

1. 卵は粗く溶きほぐす。サラダチキンは裂く。
2. フライパンにⒶを合わせて火にかけ、温まったらめかぶとサラダチキンを入れてほぐす。
3. 温まったら弱めの中火にし、卵を全体に流し入れ、大きくかき混ぜる。
4. スクランブルエッグ状になったらフタをして、ときどきゆすりながら1分ほど蒸し煮にする。

めんのたまとじ
と
たまとじのおかずスープ

甘辛きつねのふわたまそば

きつねそばに卵とじをプラスするだけ、なのに何ともうれしい

材料

卵……2コ
油揚げ……2枚
長ねぎ……1/2本
ゆでそば……2玉
一味唐辛子……適宜

Ⓐ
水……3カップ
めんつゆ(3倍濃縮タイプ)……80mℓ
砂糖……大さじ1

作り方

1. 卵は溶きほぐす。油揚げは2cm幅に切って、ぬるま湯でもみ洗いする。長ねぎは1cm幅4cm長さの斜め切りにする。
2. 鍋に油揚げ、長ねぎ、Ⓐを合わせて火にかけ、煮立ったら弱火で4分ほど煮る。
3. そばを入れてほぐし、温まったらそば、油揚げ、長ねぎを器に盛りつける。
4. 鍋の汁を温め、卵を一気に流し入れ、卵が浮き上がってきたら、汁ごと3のそばにかける。好みで一味唐辛子をふる。

あさりの卵とじパスタ

隠し味にみりんを加えた、卵入りの和風ボンゴレ

材料

卵……２コ
あさり……２００g
しめじ……１００g
細ねぎ……２本
スパゲティ……１５０g

Ⓐ
水……１／２カップ
みりん……大さじ１
オリーブ油……大さじ１／２
塩……小さじ１／４

作り方

1. 卵は溶きほぐす。しめじは石づきを取り除いて粗く裂く。細ねぎは小口切りにする。スパゲティはゆでる。
2. 鍋にしめじとⒶを合わせてフタをして火にかけ、しめじがやわらかくなったら、あさりを入れてフタをする。
3. あさりの口が開いたら、卵を流し入れて大きくかき混ぜ、半熟状になったら、スパゲティと細ねぎをからめて盛りつける。

ひじき煮のバター卵とじ和えうどん

お惣菜のひじきの煮物で、カルボナーラ風のうどんを

材料

卵……2コ
ひじきの煮物……100g
バター……20g
冷凍うどん……2玉

Ⓐ
水……1／2カップ
めんつゆ（3倍濃縮タイプ）……大さじ1と1／2

作り方

1. 卵は溶きほぐす。うどんは電子レンジで解凍する。
2. フライパンにひじきの煮物とⒶを合わせ、火にかける。
3. 煮立ったらバターとうどんを加え、全体がなじんだら火を止め、卵を加えてよく混ぜる。

えびときゅうりの翡翠《ひすい》ワンタン卵スープ

見た目もキレイなえびワンタン？　いえ、ワンタンの皮は包みません

材料

卵……1コ
むきえび……100g
きゅうり……1本
ワンタンの皮……8枚

A

水……2と1／2カップ
顆粒鶏がらスープ……大さじ1／2
しょうゆ……大さじ1／2
ごま油……大さじ1／2

作り方

1. 卵は溶きほぐす。きゅうりは皮をむいて乱切りにする。ワンタンの皮は斜め半分に折りたたみ、水で端をとめる。
2. 鍋にⒶを合わせて火にかけ、煮立ったらえびときゅうりを入れて2分ほど煮る。
3. ワンタンの皮を加え、火が通ったら、鍋の中を大きくかき混ぜながら、卵を細く流し入れ、卵がかたまったら盛りつける。

とろみささみの梅卵とじスープ

ささみがつるっ、梅と卵で、体にやさしいスープです

材料

卵……1コ
鶏ささみ……100g
水菜……50g
片栗粉……適量

Ⓐ
水……2カップ
めんつゆ（3倍濃縮タイプ）……大さじ1
梅干し……1コ

作り方

1. 卵は溶きほぐす。鶏ささみはそぎ切りにし、片栗粉をまぶしつける。水菜は4㎝長さに切る。
2. 鍋にⒶを合わせて火にかけ、煮立ったらささみを入れ、火が通ったら水菜を加える。
3. 卵を全体に流し入れ、箸先で軽く混ぜ、フタをして30秒ほど蒸し煮にする。

豚汁の卵とじ

ただでさえ具だくさんの豚汁に、卵を加えたごちそう汁

材料

卵……1コ
豚こま切れ肉……100g
大根……100g
しいたけ……3枚
水……2と1／2カップ
一味唐辛子……少々

Ⓐ
みそ……大さじ2
みりん……大さじ2

作り方

1. 卵は溶きほぐす。大根は7～8㎜幅のいちょう切りに、しいたけは7～8㎜幅の薄切りにする。
2. 鍋に大根、しいたけ、水を合わせてフタをして火にかけ、煮立ったら弱火で7～8分ほど煮る。
3. 大根に火が通ったら豚肉を入れてさっと煮て、アクを取り除き、Ⓐを加えて2分ほど煮る。
4. 弱めの中火にし、卵を全体に流し入れ、ゆっくり大きくかき混ぜ、卵がかたまってきたら盛りつけ、一味唐辛子をふる。

人生を自由自在に活動《プレイ》する

青春新書
PLAYBOOKS

人生の活動源として

いま要求される新しい気運は、最も現実的な生々しい時代に吐息する大衆の活力と活動源である。

文明はすべてを合理化し、自主的精神はますます衰退に瀕し、自由は奪われようとしている今日、プレイブックスに課せられた役割と必要は広く新鮮な願いとなろう。

いわゆる知識人にもとめる書物は数多く窺うまでもない。

本刊行は、在来の観念類型を打破し、謂わば現代生活の機能に即する潤滑油として、逞しい生命を吹込もうとするものである。

われわれの現状は、埃りと騒音に紛れ、雑踏に苛まれ、あくせく追われる仕事に、日々の不安は健全な精神生活を妨げる圧迫感となり、まさに現実はストレス症状を呈している。

プレイブックスは、それらすべてのうっ積を吹きとばし、自由闊達な活動力を培養し、勇気と自信を生みだす最も楽しいシリーズたらんことを、われわれは鋭意貫かんとするものである。

―創始者のことば― 小澤和一

きじまりゅうた

東京生まれ。祖母は料理研究家の村上昭子、母は同じく料理研究家の杵島直美という家庭に育ち、幼い頃から料理に自然と親しむ。アパレルメーカー勤務を経て、自身も料理研究家の道へ。杵島直美のアシスタントを務めて独立。
現在は、NHK『きじまりゅうたの小腹がすきました』などのテレビや雑誌、書籍、Webを中心に活躍。自身が主催する料理教室も開催している。

staff
撮影／小野岳也　スタイリング／黒木優子　本文デザイン／青木佐和子
料理アシスタント／野村有美子　［撮影協力］ UTUWA

毎日《まいにち》ごちそう！
たまとじ

青春新書 PLAYBOOKS

2020年 1月25日　第1刷

著　者　きじまりゅうた

発行者　小 澤 源 太 郎

責任編集　株式会社プライム涌光
電話　編集部　03(3203)2850

発行所　東京都新宿区若松町12番1号 〒162-0056　株式会社青春出版社
電話　営業部　03(3207)1916　振替番号　00190-7-98602

印刷・大日本印刷　製本・フォーネット社

ISBN978-4-413-21157-4

健康寿命が10歳延びる「筋トレ」ウォーキング 決定版

能勢 博

青春新書
PLAYBOOKS

はじめに――最期の日まで楽しく元気に生きるため、歩き方を変えよう

日本人の平均寿命は過去最高を更新し続け、「人生100年時代」という言葉も現実味を帯びてきています。

しかし、平均寿命は延びていても「自立した生活を送れる期間」である「健康寿命」との間には大きな開きがあります。

つまり、長く生きることができたとしても「寝たきり生活」を余儀なくされている方が多くいるのです。いくら長生きできても、健康的に、自分のやりたいことを楽しみながら暮らすことができなければ、生きることに心から喜びを感じられなくなってしまうかもしれません。

この本を読んでいる方の中にも、

「生きているうちは寝たきりにはならず、元気でいたい」

「最期の日まで、自分の足で歩きたい」

そう思っている方は多くいるはずです。

しかし、実際には寝たきりになってしまう人の数は、年々増えています。

そして、寝たきりは決して他人事ではありません。

普通に生活しているだけでは、あなたも将来、寝たきりになってしまう可能性がじゅうぶんにあるのです。


人間の体の中では年をとるごとに老化が進みます。

これは、万人に平等に起きる「抗《あらが》えないもの」です。

白髪が増える、シワができる、老眼になる、物覚えが悪くなる……老化は体にさまざまな変化をもたらしますが、その中で、自分自身が最も気づきにくいのにもかかわらず、「体にとって一番大きな影響を与える現象」があります。

それが、筋力と持久力の低下です。

たとえば近頃、こんなことを感じたことはありませんか？

「最近、疲れやすくなった」

「昔より、仕事や家事の効率が落ちてきた気がする」

「ちょっとした用事をこなすのが面倒だ」

実はこれらすべてに、筋力と持久力の低下が大きく関係しています。

後ほど詳しくお伝えしますが、**筋力と持久力は、私たちが体を動かす原動力であり、健康な生活に欠かせないものです。**

私たちは筋力と持久力があるからこそ、立ち上がる、歩く、階段を上る……など、朝起きてから夜寝るまでの生活に欠かせない動きを行《おこな》うことができます。

しかし、筋力も持久力も、次から次へと無限に湧いてくるエネルギーではありません。普段生活をしているとなかなか気づくことができないのですが、実は**筋力と持久力は加齢と共に、着々と減っていきます。**

つまり、この2つは体の中で年々枯渇していく「有限のエネルギー」だといってもいいでしょう。

使えるエネルギーが少なくなれば、当然、スムーズに体を動かすことが困難になります。20代の頃に簡単にできていたことが、年をとってうまくできなくなったというのは、筋力・持久力という体のエネルギーの減少が大きく関係しているのです。

老化によって、年々減少する筋力・持久力に対してなんの対処もしないでいると、最悪の場合、体を動かすこと自体が困難になることもあります。

これがいわゆる「寝たきり」の状態です。

「それじゃあ、年をとったら寝たきりになるしかないのか」と、思われた方もいるかもしれません。

安心してください。確かに筋力と持久力は加齢と共に減っていきますが、自分の頑張り次第で、何歳からでも増やすことができます。

さらに、筋力と持久力を増やし続けることで、今の年齢よりも10歳から20歳ぶんも「若いエネルギー」を持つことも不可能ではありません。


私は長野県松本市で、市の健康増進事業の一環として約25年間、中高年の方々に向けた健康スポーツ教室を行ってきました。

教室に来てくださる方々の筋力と持久力を、誰でも簡単に続けられる方法で、お金や時間をかけずに、どう鍛えていくか——。最良の方法を求め、十数年以上の研究を続けました。そこでたどり着いたのが、本書でご紹介する「筋トレウォーキング」です。これまでに8700人が筋トレウォーキングを行い、その効果は科学的に立証されています。

この運動は「インターバル速歩」というのが通名ですが、本書では効果がよりイメージしやすいように筋トレウォーキングという呼び名で、紹介していきます。

さらに、筋トレウォーキングの効果は、寝たきり予防だけにとどまりません。普段、私たちを悩ませている生活習慣病を予防・改善したり、膝や腰などのつらい痛みを緩和したり、病気に負けない強い体をつくったり……と、全身にプラスの効果をもたらすことも、長年の研究でわかっているのです。

教室に来られる方の中にも「風邪にかかりにくくなった」「医者にいっても治らなかった膝の痛みがよくなった！」「薬を使わずに血糖値が正常まで戻った」と、うれしいご報告をくださる方が多くいらっしゃいます。そして、このようなご報告をくださる方のほとんどが、筋トレウォーキングをはじめる前より若返っていて、いきいきと毎日を過ごしているように見えるのです。

筋トレウォーキングは、体の若返る力と、治る力を一気に呼び覚ます運動法といってもいいかもしれません。

やりやすく画期的なこのウォーキング法は、ニューヨーク・タイムズをはじめとした世界のメディアでも取り上げられてきました。

先にも述べましたが、老化から逃れられる人は誰もいません。

ただ、老化にどう対処していくかは、自分の考え次第で決めることができます。

必ず起こる老化現象に対し、先手、先手でどう対応するかで、将来「ずっとベッドで寝たままになるのか」「自分の足でいきいきと歩き続け、人生を最期まで楽しめるのか」は決まります。

あなたの体を老化や病気から守ることができるのは、あなただけ。

しかし裏をかえせば、あなた次第で体を若くいきいきと保ち、死ぬまで自分で歩くことは、簡単にできるようになるのです。

人生100年時代を健康に元気に生き抜いていくために、筋トレウォーキングをはじめましょう！

健康寿命が10歳延びる「筋トレ」ウォーキング 決定版 目次

第1章

筋トレウォーキングで、いくつになっても自分で歩ける！

第2章 なぜ「寝たきり」になってしまうのか

第3章 今日からできる！ 筋トレウォーキング

第4章

医者も薬も遠ざける！筋トレウォーキングの効果

第5章 よくある疑問を解消！筋トレウォーキングQ&A

本文デザイン　青木佐和子
DTP　キャップス
本文イラスト　瀬川尚志

第1章

筋トレウォーキングで、いくつになっても自分で歩ける！

人生100年時代を最期まで元気に生き抜けますか？

冒頭でもお伝えしましたが、普通に生活しているだけでは、寝たきりの恐怖から逃れることはできません。いくら医療や科学が進歩しているとはいえ、寝ているだけで筋肉を増やすことができる技術や、死ぬまで歩き続けられる薬は、まだまだ登場しそうにないからです。

元気に長生きできる体づくりをするためには、老化に伴って減少していく筋力と持久力を増やすための運動が必要になります。

もちろん、この運動をはじめるのは、早ければ早いに越したことはありません。

私はよく講演などで

「老化とは、自分の乗ったいかだが川の下流に向かって流されているようなもの。流れに逆らうには、自分の力で必死にいかだを漕《こ》ぐしかありません！」

と、お話しします。

川は上流から下流に向かって流れていきますね。私たちは、その川の中に浮かぶいかだに乗っています。自分でいかだを漕がない限り、いかだは川に流され下流に向かってどんどん進んでいってしまいます。

「まだ大丈夫、もうちょっとしたら漕ぎはじめるから」と、束の間のつもりで川の流れに身を任せていると、気づかないうちにかなり下流まで流され、急に目の前に滝つぼが現れてしまい大慌てする……、なんてことにもなりかねないのです。

万が一、滝に落ちてしまえば、そこから自力で這《は》い上がるのはとても難しいですし、もし這い上がれたとしても、かなりの時間と労力を費やすことになります。

人間の老化もこれと同様です。

「今、じゅうぶん歩けるから大丈夫」などと言って、老化への対策を怠っていると、大きな病気が発生してやっと自分の体の衰えに気づいたり、寝たきりになってしまった後で後悔したりするのです。

先ほど私が「寝たきり対策として、筋力・持久力アップをはじめるなら、早ければ早いほどいい」といったのには、理由があります。

実は体のエネルギーである筋力と持久力の衰えは、30歳頃を境にして、すでにはじまっています。

もしあなたが50歳で、特に老化への対策をしていなければ、もう20年間も下流に向かって流され続けている……ということになるのです。

いかだを漕げば漕いだだけ川の流れに逆らうことができるように、筋力と持久

力も適切な運動さえすれば、いくつになっても増やすことができます。

ただ、どうせなら川に流された期間が少しでも短いうちに、つまり老化がそこまで深刻に進む前に対策をはじめるほうが、体力回復にかかる労力も少なく、スムーズに体づくりを行うことができるでしょう。

将来の自分のために、少しでも早く筋力と持久力を鍛えはじめることが大切なのです。

寝たきりにならないために必要な「体のエネルギー」とは

何歳からでも増やすことができる、体のエネルギー「筋力と持久力」。

ご存じの方も多いかもしれないのですが、まず、筋力と持久力について簡単に説明しましょう。

筋力とは端的にいうと、「パワー」のことです。何かを持ち上げるときや、グッと物を押すときに使う力を指します。

一方の持久力は「スタミナ」のことを指します。同じ運動や動作を長時間続けるときに、必要となる力です。

この2つの力は車の両輪のような関係です。バランスが大切ですし、どちらか一方が欠けてしまえば、日常生活を送ることができなくなってしまいます。

私たちの体は、筋肉、骨、脂肪、内臓、毛髪など、さまざまな器官によってできています。体のあらゆる器官はすべて加齢と共に老化していきますが、この中で1つ、年をとっても鍛えれば鍛えるほど、量を増やし若返っていくものがあります。

それが、筋肉です。体のエネルギー「筋力」と「持久力」は、この筋肉の量に大きく関係します。私が先に筋力と持久力は何歳からでも増やせるといったのは、このためです。

たとえ80歳でも、90歳でも、筋肉を増やすための運動さえすれば、筋量の増加や、それに伴う体の変化によって、筋力と持久力はぐんぐん向上していきます。

私が長野県松本市で行っている健康スポーツ教室でも、70歳を越えてから運動をはじめ、筋力や持久力をアップさせた方が大勢いらっしゃいます。

この筋力と持久力は、それぞれ「速筋《そっきん》」と「遅筋《ちきん》」という別々の筋肉によって支えられています。

この2つの筋肉を増やすためには、それぞれ別の運動が必要です。

筋力を支える速筋に必要なのは、無酸素運動。いわゆる筋トレです。ダンベル上げや、腹筋、腕立て伏せなどを思い浮かべていただければよいでしょう。

持久力を支える遅筋は、有酸素運動によって鍛えられます。ウォーキングやジョギングなどの体を長く動かし、酸素を多く使う運動が有酸素運動です。

また、長時間、運動を続けるためには、血液の巡りをよくして筋肉にじゅうぶんな酸素と血液を行きわたらせることが必要です。そのため、持久力の向上には遅筋を鍛えるだけでなく、心肺機能を高め、血液を循環させる体づくりをすることも欠かせません。これらも、遅筋と同様にウォーキングやジョギングなどの有酸素運動をすることによって高められます。

ここまでの話を簡単にまとめると……
・パワー（筋力）…筋トレなどの無酸素運動で鍛えられる
・スタミナ（持久力）…ウォーキングなどの有酸素運動で鍛えられる
となります。

つまり、体の中のエネルギーであるパワー（筋力）とスタミナ（持久力）、どちらも増やすには、筋トレなどの無酸素運動とウォーキングやジョギングなどの有酸素運動、どちらの運動も必要だということです。

筋トレだけを必死にやっても、運動を継続させるために必要なスタミナは身に付きませんし、ジョギングだけしても、パワーは得られません。2つの運動をバランスよく行うことで、やっと体のエネルギーが充足していくのです。

そうはいっても、2つの運動をそれぞれ両立して行うのは大変なこと。

日々の用事や仕事もある中で、筋力アップのために筋トレをして、持久力アップのためにジョギングもする……なんて、考えただけでできそうにないと、思いませんか？　普段まったく運動をしていない方であれば、なおさらです。

これまでの説明をくつがえすようですが、ここでいいましょう。

筋トレとジョギング、どちらもバランスよく行わなくても大丈夫です。

実は、無酸素運動と有酸素運動を一気にできる画期的な運動法があるのです。

それが、本書で紹介する筋トレウォーキング。文字通り、ウォーキングの仕方を少し変えるだけで、持久力だけでなく筋力アップまでできてしまう、他にはない運動法です。

歩くだけで筋トレまでできてしまうなら、やってみたい……。そんな気持ちになってきませんか？

期待を裏切らない「簡単で続けやすいウォーキング法」をこれからお伝えしていきます。

なぜ、歩くだけで筋トレができるのか

筋力と持久力を一気に鍛えられる画期的な運動、筋トレウォーキング。

でも、なぜ歩くだけで筋トレができるんだろう……? そう思われた方も多いでしょう。

ここからは筋トレウォーキングのやり方を簡単に説明しながら、歩くだけで筋肉が鍛えられるしくみをお伝えしていきます。

筋トレウォーキングを簡単に説明すると、

「速歩きとゆっくり歩きを交互に3分間ずつ行う運動」です。

「えっ、それだけ？」と思った方。そうです。最も端的にいってしまえば、筋トレウォーキングのやり方はこれだけ。

しかし、たったこれだけで、普通のウォーキングにはない「筋トレ効果」が得られるのです。

なぜ速歩きとゆっくり歩きだけで、筋トレ効果が得られるのでしょうか。


筋トレウォーキングにおいて、筋力アップ効果があるのは、「3分間の速歩き」の部分です。速歩きといっても、さまざまなやり方がありますが、ここでの速歩きは、「ややきつい」と感じる速さで、大股で歩くことを指します。

私たちは歩くときに太ももやお尻をはじめ、多くの下肢筋肉を動かします。大股で、かつ、ややきつい速度で速歩きをするときは、いつもより大きく速く、下肢筋肉を動かすので、下肢筋肉に大きな負荷がかかります。結果、その負荷によって筋肉を太くすることができます。

つまり、大股の速歩きには、スクワットなどの筋トレと同じ運動効果があるのです。単純ではありますが、これが歩くだけで筋トレができるしくみです。

ところで、筋トレウォーキングで鍛えられる下肢筋肉、これは体全体の筋肉に対してどれぐらいの割合を占めるか、ご存じでしょうか。なんと下半身の筋肉は、体の筋肉の60％にあたります。つまり、筋トレウォーキングをすることで、体の中の60％の筋肉を一気に鍛えることもできるのです。

スクワット、脚上げ運動など、下半身を鍛える筋トレはさまざまありますが、正しく効果的な歩き方さえできれば、歩行だけで下半身のほとんどの筋肉を鍛えられます。部位別の筋力アップトレーニングといったわずらわしい運動をする必要もありません。

ただ、速歩きをずっと行うのは精神的につらいですし、体力も持ちません。

いくら速歩きで筋力を鍛えても、運動自体が短時間で終わってしまっては、持久力を鍛えることができません。先に述べたとおり、持久力は長い間、酸素をたくさん使う運動をしないと、鍛えることができないからです。

ここで、次の「ゆっくり歩き」が効いてきます。

3分間速歩きをした後に、3分間ゆっくり歩く。ゆっくり歩きというリラックスタイムがあると、「また頑張ろう！」という気持ちが生まれ、結果的にトータルの速歩時間を長くすることができます。これが、筋トレウォーキングで、筋力と持久力を同時に鍛えられるカラクリです。

また、ゆっくり歩きの効果は、持久力向上だけではありません。

ややきつい速度で速歩きを行うと、筋肉痛や疲れの原因にもなる「乳酸」という物質が産生されるのですが、ゆっくり歩きをすることで、この乳酸が洗い流され、運動後特有の疲れや筋肉痛に悩まされる確率が格段に減ります。

筋トレウォーキングは、筋力と持久力を同時にアップさせるだけでなく、運動後の体も疲れにくくする、体にとって最良の運動法なのです。

筋トレウォーキングは、科学的エビデンスに基づく歩き方

本書で紹介する筋トレウォーキングは、科学的エビデンスに基づいた本当に効果のある運動法です。エビデンスのもととなっているのは、２００７年に信州大学医学部が主体となって行った実証実験にあります。

実験では、平均年齢65歳の男女に、５カ月間にわたり、実際に筋トレウォーキングをしてもらいました。その結果、筋力、持久力がそれぞれ10％上がり、体力が10歳ぶん若返り、高血圧、高血糖などの生活習慣病の病状が改善できたという結果が得られたのです。

このとき、実験に参加していただいたのは、６００名ほどの方でしたが、その

後、10年以上にわたって8700名以上の中高年に対して、同様の実験を続けた結果、同じような若返り効果、筋力・持久力アップ効果、生活習慣病改善効果を確認することができました。

10歳ぶん若返ることができたということは、老後自由に動ける時間も10年ぶん増えた——つまり、健康寿命が10歳ぶん延びたといっても過言ではないでしょう。

このように書いてしまうと非常に簡単ですが、この筋トレウォーキングという運動法にたどり着くまでには、長い試行錯誤がありました。

筋トレウォーキングが生まれるきっかけとなったのは、今から約25年前に長野県松本市ではじまった「中高年の方向けの健康スポーツ教室事業」です。中高年の健康増進のために松本市主体で立ち上げられたプロジェクトで、このとき、信州大学医学部で教授をしていた私は、医学・運動生理学（体を動かすことで起きるさまざまな体内の変化について調べる学問）の専門家として、このプロジェクトに参加しました。

このプロジェクトの中で、時間や場所を問わず、誰もが、特に中高年が無理なく行える運動で健康増進効果が得られるものを探し、市民の方に実践していただくことになったのです。


一番最初に取り組んだのは、1日1万歩のウォーキングでした。

「健康を保つために1日1万歩のウォーキングをしている」という方は、この本を読んでいる方の中にも少なくないかもしれませんね。

しかし、その効果は期待するほどのものではなかったのです。1日1万歩歩くことで、高血圧や血液の濁《にご》りはわずかに改善するものの、目に見えて大きな変化は見られませんでした。1日1万歩歩いた方と、特別な運動をしなかった方との差がほとんど見られない調査結果に、歯がゆい思いをした記憶があります。

さらに、1万歩歩いた人の多くは、歩行で使うはずの太ももの筋肉量も期待するほど上昇していませんでした。

そこで、本当に効果が出る運動法を生みだすべく、立ち戻ったのが私の専門分野である「運動生理学の理論」です。

運動生理学には、「その人の最大体力の7割以上の運動を1日30分、週に3回以上、5〜6カ月間行えば、その人の体力は10％以上向上する」という法則があります。

最大体力とは、自分の限界まで体を動かしたときの体力のことです。全速力で何百メートルも走り、心臓がバクバクして思わず倒れ込みそうになり、息もうまくできず、「もうこれ以上は動けない」と感じるようなときは、この最大体力を発揮しています。

当時の私は、この理論をベースに効果のある運動法を導きだそう……と考えました。

しかし、いくら効果的な理論がわかっていても、それを多くの人が実践しやすいかたちに落とし込むのは、非常に難しいものでした。

最大体力の7割以上の運動を、1日30分、週3回以上、5～6カ月間継続するという運動法は、ジムなどに行きパーソナルトレーナーについてもらえば、簡単にできます。自分の今の最大体力を計測し、その最大体力に対して7割ぐらいの負荷になる運動プログラムをトレーナーに組んでもらい、あとはそれを継続していけばいいのですから。

しかし、これではジムに行く時間や余裕がない人は、実践できませんし、プロジェクトで開発したかった「時間や場所を問わず、誰もが無理なく行える運動法」にはあたりません。

ジムに行ったり、特別なマシンを使ったりせずに、しかも年齢を問わず誰でもできる運動法といえば、やはりウォーキング。

では、ウォーキングで、1日30分、週3回以上、最大体力の70％以上の力を使うにはどうしたらいいのか——。

実際に実証実験に参加していただいた松本市民をはじめ、多くの方々にご協力いただき、検証を重ねてやっとたどり着いたのが、本書で紹介する「筋トレウォーキング」だったのです。


もちろん、「運動生理学の理論通りに運動ができるようになったから終わり」ではなく、筋トレウォーキングが本当に効果のある歩き方か、実証実験を何年にもわたり、幾度も行いました。その結果は、この項目の冒頭でお伝えしましたね。

筋トレウォーキングは、運動生理学の理論とくり返しの実験による豊富なエビデンスに基づいた歩き方なのです。

高血圧、糖尿病…生活習慣病も「歩くだけ」で遠ざける

筋トレウォーキングを続けると、高血圧や糖尿病といった生活習慣病のリスクが軽減されることが、実験の結果証明されています。筋トレウォーキング以外は特に食事制限などは設けず、普通に生活してもらった上での結果です。

なぜ、ウォーキングだけでここまで体が健康になるのでしょうか。

これには体の中に存在する「ミトコンドリア」という〝装置〟が、大きく関係しています。

私たちの細胞の中には、ミトコンドリアという小器官があります。ミトコンド

リアはさまざまな働きをする器官なのですが、その最も大きな役割に、生きるためのエネルギーをつくりだす働きがあります。私たちが食事から摂取した栄養と呼吸から得られた酸素を使って、体を動かすエネルギーをつくっているのが、ミトコンドリアなのです。

このミトコンドリアは筋肉の中にも存在します。しかし、加齢や運動不足によって、筋肉の量が少なくなってしまうと、そこに存在するミトコンドリアの量も減ってしまいます。この結果、体に必要なエネルギーをうまく生みだすことができなくなってしまうのです。

ここからが大切なところ。実は、ミトコンドリアが減ってしまうことによる体への悪影響は、それだけにとどまりません。

ミトコンドリアが減ると、それが原因となって、体の中で炎症を引き起こす「炎症性サイトカイン」というホルモンのような物質が分泌されます。

本来、炎症とは、体の外から細菌やウイルスなど異物が体内に侵入したときに、それをやっつけようとする生体反応ですが、面白いことに、そのような外界からの侵入者がなくても、ミトコンドリアが減ってしまうだけで、炎症反応が起こってしまうのです。

実は、最近の研究では、これが生活習慣病の根本原因ではないかと考えられています。

つまり、炎症性サイトカインが分泌され、それが免疫細胞で炎症を起こせば高血圧に、脂肪細胞で炎症を起こせば糖尿病に、脳細胞で炎症を起こせばうつ病や認知症になるという考え方です。あまり考えたくないことですが、がん抑制遺伝子で炎症が起きれば、がんになる可能性もあるのです。

しかし、筋トレウォーキングのようにややきつい運動をして筋肉を増やし、ミトコンドリアを活性化すれば、炎症性サイトカインの分泌を抑え、病気の火種となる慢性炎症を抑えることができます。

このミトコンドリア減少による生活習慣病の発生は、高齢の方に限った話ではありません。

実は、今から10年ほど前に信州大学の新入生を対象にした調査では、新入生のうち、10％の生徒が、運動不足による肥満症にかかっていることがわかったのです。

肥満症とは、体に脂肪組織が過度にたまった状態のこと。医学的に減量が必要な病気です。まだ筋肉も細胞も若い20代の若者でさえ、運動不足による生活習慣病にかかっているのです。特別な運動もせず、不摂生を続けながら年を重ねた中高年であれば、そのリスクはより高くなるでしょう。

また、最近の研究によれば、歩数にして1日約8000歩ほど体を動かしている若者に、2週間運動制限を加えただけで、糖尿病のリスクが一気に上昇することも報告されています。運動不足による生活習慣病の発症は、何歳からでも起こりうるのです。

ただ、心配することはありません。筋力と持久力が何歳からでも増えるように、ミトコンドリアの量も、筋トレウォーキングなどの運動を行うことで増えていきます。つまり、運動をして筋肉を元気にすれば、ミトコンドリアの活性を促し、生活習慣病などの病気にかかるリスクを減らすこともできるのです。

病気のリスクを抑え健康に過ごせるか否かは、あなたが運動をするかしないかにかかっているといっても過言ではないでしょう。

筋トレウォーキングをすると、病気を防ぐ力も上がる

筋トレウォーキングを続けられている方々からよく聞く言葉に「ウォーキングをはじめてから、風邪をひきにくくなった」「医者にかからなくなった」というものがあります。

筋トレウォーキングには、寝たきり予防、生活習慣病予防だけでなく、風邪などの季節の病気に負けない体をつくる効果もあるのです。

でも、ウォーキングをするだけで、病気にかかりにくくなる……というのは、いったい、どういうことでしょうか。

これに関しては、運動生理学の観点から、私は次のように考えています。

筋トレウォーキングでは、速歩きを行います。速歩きは、「ややきつい運動」であり、筋力や持久力の向上に欠かせません。

このややきつい運動をしているとき、体の中で起こっていることが、「病気にかかりにくい体づくり」に大きく関係しているのです。


順を追って説明していきましょう。

無酸素運動でも、有酸素運動でも、ややきつい運動をするときは、体をいつもより激しく動かします。

そのため、体を動かすためのエネルギーもより多く必要になり、体の中ではエネルギー産生のための動きが活発に起こります。

このエネルギー産生が、体の中でどんどん行われると、その過程でエネルギーとは別に「乳酸」という物質が産生されます。乳酸は疲れの原因ともいわれる物質ですが、この乳酸が産生されるレベルの運動をすることが、筋肉を太くするためには必要です。また、ややきつい運動で筋肉が太くなると、その太くなった筋肉により効率よく酸素を届けようと、心肺機能や循環器系の働き、つまり持久力も一緒に向上します。

さて、大事なのはここから。実は、ややきつい運動をした後の1～2時間、体の中では、運動によって生まれた乳酸などの代謝産物の処理や、運動によって傷ついた筋肉の修復が行われています。この活動が体の中で起こると、それによって体温が上がります。

しっかり運動をした後は、なんとなく体が温かいと感じませんか。それは、この活動によるものなのです。

さらに、筋トレウォーキング（ややきつい運動）を継続的に行うと、筋肉が増えます。筋肉が増えると基礎代謝量が上がるので、それによっても、体温が底上げされるように上昇します。

こうして起こる体温上昇が、病気にかかりにくい体をつくるのではないかと、私は考えています。臨床医学では、体温の上昇が、ウイルスなどの病原体の増殖を抑えると考えられているからです。

風邪などをひくと、発熱をしますね。発熱をひき起こすのは、ウイルスに対抗するための一種の体の防御反応です。これには、「ウイルスは熱に弱いため、体温を上げてウイルスの活動を抑える」とか、「体温が高いほうが免疫力が上がりやすい」とか、さまざまな説がありますが、確実にお伝えできるものとして、動物実験の結果があります。

たとえば、トカゲなどの変温動物に病原菌を投与すると、暖かい環境に移動し、体温を上昇させて、体内の病原菌の増殖を抑制することが知られています。その際、なんらかの方法で、トカゲを暖かい環境に移動できなくすると、そのトカゲは病原菌に侵されて死んでしまうそうです。

この結果からも、「体温を上げることは、結果的に病原体に対して体を強くすることになる」といえるのです。

筋トレウォーキングは、長い将来の健康の礎《いしずえ》になるだけでなく、今日、明日の自分の体を守ってくれる運動でもあるのです。

第2章

なぜ「寝たきり」になってしまうのか

運動をするかしないかで、健康寿命が15年も変わる

第1章でもお伝えしたとおり、筋力と持久力は加齢と共に年々減っていきます。

それでは具体的に、どれくらいの筋力、持久力が減っていくのか、想像することはできますか？

実は筋力は、20代をピークにして30歳を過ぎたあたりから、毎年約1％ずつ低下していきます。 1年ごとに1％。1年で見ると少ないのですが、10年では10％も減り、80歳の頃には20歳の約60％の筋力しかなくなってしまいます。

年をとって、重い物が持てなくなったり、腰が重くなったりするのは、長年の筋力減少の積み重ねが原因だったのですね。

持久力も同様に減少していきます。持久力のピークもやはり、20歳代。こちらも30歳以降着々と減り続け、60歳では20歳代の頃に比べて、30％も持久力が低下してしまうのです。

先にも述べましたが、持久力は体を長く動かし続ける力、いわゆるスタミナです。年々少しずつスタミナがなくなってしまうと思えば、年をとるほど日々疲れやすくなるというのも、うなずけます。

これら、筋力、持久力の低下による体力の衰えを、よりわかりやすく表したのが、51ページのグラフです。このグラフは、年齢ごとに「身体活動量」がどのように変化しているかを示しています。

身体活動量とは、歩く、立つ、持つなど、体を使う活動の総量のこと。筋力や持久力など、体の力を総合した「体力」のことだと考えてください。

一般的に、この身体活動量が20歳代の30％以下になると、日常生活のために必要な動作をすることが困難になるといわれています。

つまり、30％のラインを下回ると、自分で立ったり歩いたりすることが難しくなってしまい、寝たきりになる可能性が高くなってしまうのです。30％のラインが、寝たきりになる可能性が高い危険なラインだと考えていただけると、わかりやすいかと思います。

このグラフでは、日頃から何か運動をしている人と、特に運動をしていない人の体力（身体活動量）の変化を表しています。どちらも、30代あたりからゆるやかに減少していっているものの、運動をしている人のほうが、減少の度合いが少ないのがわかっていただけるはず。日頃、特に運動をしていない人は、なんと70歳あたりで「寝たきり危険ライン」を超えてしまいますが、運動をしている人は90歳手前まで「寝たきり危険ライン」を超えることがないのです。

この約15～20年の違いは、日々運動をしていたか、していないかだけ。

つまり、少し意識して筋トレやウォーキングのような運動を続けるだけで、自分で自由に動ける期間＝健康寿命を約15年間も延ばすことができるのです。

体力（身体活動量）の低下

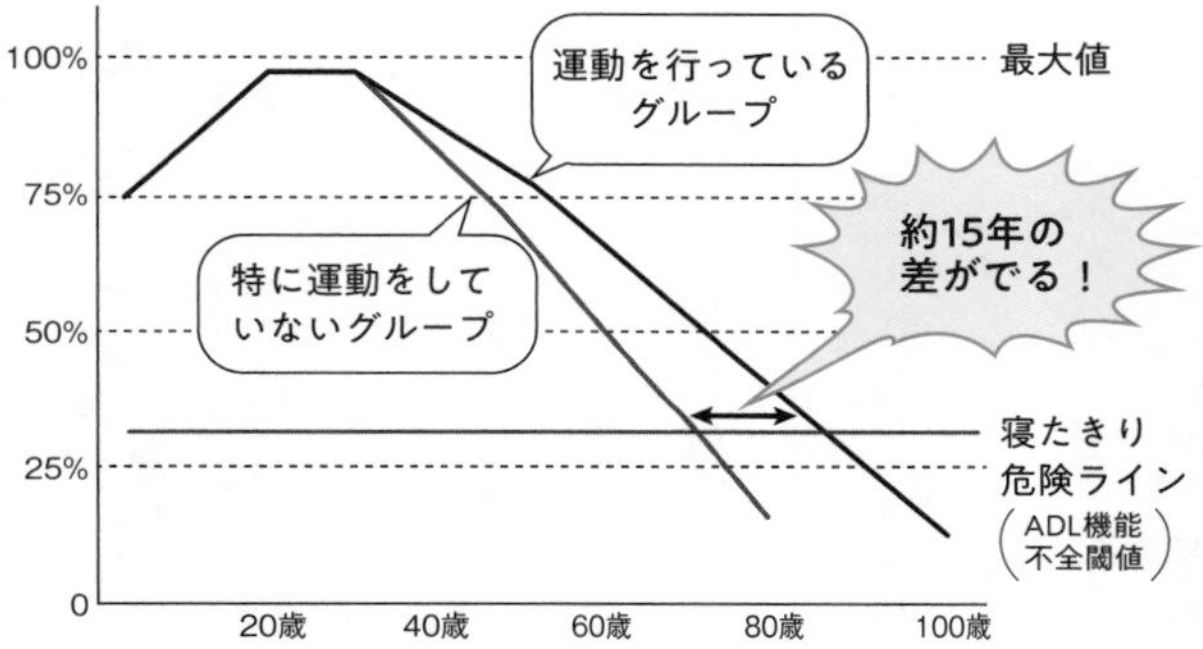

（Haskell WL et al,1998を元に作成）

トレーニング群（日常的に意識して運動を行っている人のグループ）と、非トレーニング群（日頃、特に運動をしていない人のグループ）では、寝たきり危険ライン（ADL機能不全閾値）を超えるまでに、約15 ～ 20年の差がある。

つまり…

日常的に運動さえすれば、自分で自由に動ける期間を約15年も延ばすことができる！

老化を加速させ、健康な生活を奪う「筋力と持久力の低下」

加齢と共に年々減っていく、筋力と持久力。

筋力と持久力という体を動かすためのエネルギーが減ると、健康的な生活が送れなくなり、最終的には寝たきりになる可能性が高いということは、先に述べました。

それではなぜ「筋力と持久力の低下」が、寝たきりにつながってしまうのか。

ここではそのメカニズムをより詳しくお伝えします。

少し込み入った話もでてきますが、あなたの体にも大いに関係する大切なことなので、ぜひしっかり読み進めてください。

まず、寝たきりになる原因について考えてみましょう。
個人差はありますが、寝たきりになる原因は大きく分けて3つあります。

1つ目はこれまでにお伝えしてきた、加齢による筋力、持久力の低下。
2つ目は、生活習慣病にかかってしまうこと。
そして、3つ目に挙げられるのが、認知症です。

では、順を追って、1つ目から説明していきましょう。
加齢による筋力、持久力の低下には「サルコペニア」と呼ばれる症状が、大きく関係しています。サルコペニア、なんだか聞き慣れない言葉です。ギリシャ語で「筋肉減少」を意味するこの症状は、日本語では「加齢性筋減少症」と訳すことができます。その名のとおり、年を重ねると共に、筋肉が徐々に痩せ衰えていく症状です。

筋力も持久力も、体の中の筋肉の量に大きく関係します。

老化によってサルコペニアが進み、筋肉量が減ると、体を動かすエネルギーである筋力と持久力も、それに比例して減少していってしまうのです。

筋力、持久力が減っていくとどのような現象が起きるのか——。買い物へ行くときのことを例にとり、考えてみましょう。

でかける前に、まず「よし！　買い物に行こう！」と、椅子から立ち上がるとします。ここではまず、「よいしょ」と立ち上がる力、つまり「筋力」が必要です。

もし、筋力が大幅に減ってしまっていれば、立ち上がることに苦戦するか、最悪の場合、1人で立ち上がることができなくなってしまいます。

無事立ち上がり、スーパーに向かったとしましょう。買い物を終え、購入した商品を手提げ袋に入れて、家まで歩いて持って帰ってくる。このときには、物を持ち続ける、歩き続けるという継続した運動を行っているので、「持久力」が必要となります。もし持久力がなければ、道の途中で座り込んでしまい、家に帰ってくることができなくなってしまいます。

かなり極端な例をだしましたが、つまり、筋力と持久力、どちらかが欠けていても、「買い物をして家に帰ってくる」ことができないのです。


普段意識していませんが、私たちはこの2つの力を存分に使うことで、日々生活しています。

もし、これらの力が加齢と共に減ってしまえば、日常の動作がどんどん困難になります。筋力、持久力の減少が著しく進行すれば、最悪の場合、ベッドの上に寝続けてしまう「寝たきり」になってしまうのです。また、筋力や持久力の低下は寝たきりの大きな原因でもある「転倒や骨折」にもつながります。筋肉が減り、体力も減れば、若いときには軽々乗り越えられたようなちょっとした段差で転んでしまい、そのまま寝たきりになってしまうことは多々あるのです。

さらに、体を動かすエネルギーが減るということは、体をちょっと動かすのが、若い頃に比べて大変な作業になるということでもあります。これは、経験からも感じていただけるかもしれません。これまで普通に行ってきた1つひとつの日常の行為が、エネルギー不足によって億劫な作業になってしまうのです。

誰しも自分にとって億劫なこと、面倒なことはやりたくないものですから、できる限り楽に動けるほうや億劫なことをしなくていい道を選んでしまいがちです。

ただ、筋肉は使わないでいると、さらに衰えていきます。

たとえば、1週間寝込んでしまうと、筋肉はどれくらい衰弱するか、想像できますか？　なんと、20％も衰弱します。そして衰弱した筋肉は1カ月かかってやっと回復するのです。風邪で数日間寝込み、やっと起き上がれるようになったときに足元がふらついた経験は、多くの方にあるはず。筋肉は数日使わないだけで、あっという間に衰えてしまうのです。

外にでるのが面倒だから買い物をやめる、布団の上げ下げなどのちょっと力を要する家事を後回しにする……など体を動かすことを面倒に感じ、運動の機会を自ら減らしてしまうことで、筋肉の衰えはさらに進み、それに伴って体のエネルギーである筋力、持久力も減っていきます。

結果として待っているのは、自分で動けなくなってしまう「寝たきり」です。

この負のサイクルにはまらないためにも、体のエネルギーである筋力、持久力を向上させることは寝たきり予防にとって、欠かせないことなのです。

身近な生活習慣病が、寝たきりの大きな原因だった！

次に、寝たきり原因の2つ目についてお話ししていきましょう。

寝たきり原因の2つ目は、生活習慣病です。糖尿病、高血圧、動脈硬化……。いずれも見覚えのある病名ばかりですね。実はこれらの生活習慣病が、寝たきりの大きな原因になっています。

脳卒中などを引き起こし、後遺症で体がうまく動かせなくなったり、治療のために長い間ベッドの上に寝続けたりすることで筋肉が衰え、結果として寝たきりになってしまうことが多いのです。

寝たきりは、「寝かせきり」によってなることが多いのはご存じでしょうか。

心臓病、糖尿病などの生活習慣病がベッドに寝続けるきっかけをつくることで、症状が回復したとしても、筋肉の衰えによって体を動かすことが困難になり、結果としてベッドから起き上がれない寝たきりになってしまうのです。

生活習慣病の予防は、日々健康に暮らすためにはもちろん、寝たきりにならないためにも欠かせないことだといえます。

そして、**寝たきりの原因の3つ目として挙げられるのが、認知症です。**

ある調査によると、65歳以上の認知症の人は2015年時点で約520万人おり、65歳以上の人口の約16%にも及びます。さらに、認知症はこれからますます数が増えていくことが予想されており、2025年には65歳以上の5人に1人が認知症になる時代がくるとの調査もあります。

認知症は、脳の機能が低下することによって起こるさまざまな症状のことを指します。物忘れをする、食事をしたことを忘れてしまうなどの記憶障害からはじまり、症状が進行すると、最後には脳の機能低下によって、歩行できなくなったり、座っていることができなくなり、寝たきりとなります。

少し説明が長くなってしまったのですが、「筋力・持久力の低下」「生活習慣病」「認知症」この3つが、寝たきりの大きな原因です。

寝たきりを予防するためにはこれらの原因に対し、並行して対策を行っていくことが必要だといえます。

筋力と持久力の向上も、生活習慣病の予防も、筋トレウォーキングのようなややきつい運動をすることで、まとめてできるのは、第1章でお伝えしたとおり。

さらに、**筋トレウォーキングには、認知機能の低下を改善する効果もあります。**後ほど詳しく説明しますが、これも科学的に実証されています。

つまり、筋トレウォーキングを行えば、主要な寝たきり原因を一気に予防することができ、要介護、寝たきりという言葉とは、死ぬまで無縁の人生を送ることができるといっても過言ではないのです。

データが証明！「認知症」にも、筋トレウォーキングが効く

筋トレウォーキングは、寝たきりの大きな原因である認知症の予防にも役立ちます。このことも、実際に90名近くの方々に5カ間、筋トレウォーキングをしていただくことで、科学的に実証することができました。

90名近くの方々に筋トレウォーキングを5カ月間行ってもらったところ、全員では、ウォーキングをしなかった方々に比べ、認知機能が平均で4％向上し、認知症の一歩手前の「軽度認知障害」の状態にある方々においては、平均で34％も上昇したのです。

それにしても、歩くだけで、脳にもよい影響が及ぶのは、いったいなぜでしょうか。

これには、筋トレウォーキングを通してややきつい運動をすることで、持久力が向上することが関係していると考えられます。

筋トレウォーキングをすると、持久力が上がる、つまり、心肺機能が高まるため、全身の血液循環がよくなります。その結果、脳内の血流も改善するのです。

この脳内の血流改善が、認知機能の改善につながります。

脳内の血流がよくなると、認知機能が改善するということは、米国カンザス大学での研究でも報告されています。

さらに、このほかにも筋トレウォーキングは、脳に変化をもたらします。

運動をすると、脳の中でBDNF（脳由来神経栄養因子）という物質が産生されることがわかっています。ＢＤＮＦは、脳の神経細胞や脳に栄養を送る血管の形成を促す物質。つまり、新しい神経をつくったり、脳を成長させたりする「脳の栄養物質」と考えていただくとわかりやすいかと思います。

うつ病など、心の病気に悩んでいる方は、脳の中でこのＢＤＮＦが減少していることが多いと考えられています。ＢＤＮＦが減少すると、脳の神経の発達や新生が鈍くなるので、それに伴って、心の安定を保つときに必要な「セロトニン」などの脳内物質の分泌量も低くなってしまいます。

結果、気分が落ち込みやすくなったり、心が不安定になったり、最悪の場合うつになってしまうこともあるのです。

もちろんＢＤＮＦの減少は、うつ病の人だけに見られる症状ではありません。ちょっとしたことで落ち込みやすい人、気分の浮き沈みが激しい人など、うつ病までいかなくとも、心が不安定な状態の人にもＢＤＮＦの減少は見られます。

ただ、運動をすればＢＤＮＦが増え、脳と心に安定をもたらすことができるようになるのです。

また、うつ病などの心の病に悩む方の多くは、全身の血流が悪く代謝が落ちているという特徴があります。代謝が落ちると、細胞も活発に働くことができません。これは手足や内臓の細胞だけでなく、脳の細胞でも同じこと。全身の血の巡りが悪くなれば、当然、脳の働きも落ちてしまうのです。これも、運動を行って代謝を上げ、血流をよくすることで改善できます。

実際に私たちの研究では、筋トレウォーキングを行うことで、気持ちが晴れやかになり、うつ気分の改善ができたということが実証されています。

昔からのことわざ「健全なる精神は健全なる肉体にやどる」というものはあながちウソではないことがわかりますね。

体を動かすことは、脳のパワーを活性化し、強い頭と心をつくることにもつながるのです。

歩き方を少し変えるだけで、動脈硬化は予防できる

寝たきりの原因となる生活習慣病の中でも特にこわいのが、脳梗塞や心筋梗塞。これらを引き起こす「動脈硬化」の防止にも、筋トレウォーキングは効果を発揮します。

動脈硬化に関してはテレビや雑誌などのメディアで、そのメカニズムや恐ろしさについていろいろと取り上げられているので、ここで説明するまでもないかもしれないのですが、簡単にお話ししましょう。

動脈硬化とは言葉のとおり、心臓から血液を全身に送り届ける動脈が、硬くなってしまう状態を指します。本来、動脈はしなやかな弾力性を持っており、簡単

に詰まったりしないのですが、加齢と共に血管の柔軟性がなくなったり、ドロドロ血や悪玉コレステロールによって、血管の内壁に異常がでると、硬く、もろくなってしまうのです。

動脈硬化の要因の1つが、悪玉コレステロールと呼ばれる「ＬＤＬコレステロール」の増加。ＬＤＬコレステロールは過剰に増えると、血管の内側に沈着します。すると、血液の通り道が狭くなってしまうだけでなく、血管本来の弾力性がなくなり、血管が破れやすくなってしまうのです。

動脈硬化の恐ろしいところは、症状が進行しても自覚しにくいところです。血管が硬くなってしまっても、自分で気づくことはできませんよね。重篤な症状が体にでて、やっと動脈硬化に気づくという人は少なくないのです。

それゆえ、動脈硬化は「沈黙の殺人者」ともいわれています。

コレステロール値が高いと動脈硬化が進みやすいというのはよく知られているので、コレステロールの値を下げるために食事制限に励んでいる方は、私のまわりにも多くいらっしゃいます。

確かに、コレステロール値改善のために食事制限は有効です。しかし、食事制限だけでコレステロール値を減らすのは、結構つらいものがあります。

これまで毎日の楽しみに食べてきたおやつを我慢する、できるだけ洋食ではなく和食を選ぶ、肉の脂身は取り除いて食べる……。

健康のためには大切な食習慣ですが、人生という視点で考えると、コレステロール値のためだけに、自分の好きなものを我慢するのは、なんだか寂しい気がします。

この悩みも、筋トレウォーキングなどの運動で軽減することができるのです。

コレステロールには、血管に沈着する悪玉コレステロール「LDLコレステロール」と、沈着した悪玉コレステロールを取り除く働きのある、善玉コレステロール「HDLコレステロール」があります。つまり、**体の中の善玉コレステロールの値が、悪玉コレステロールの値に比べ、相対的に上昇すれば、善玉コレステ**

ロールの働きで、悪玉コレステロールの血管への沈着を防ぐことができるのです。

そして、善玉コレステロールは、運動をすると増えることがわかっています。

運動をすることで善玉コレステロールを増やすことができれば、動脈硬化を防ぐことにつながります。実際に筋トレウォーキングを5カ月間実施する実証実験を行ったところ、善玉コレステロールが有意に上昇したという結果が得られました。

ただ好きな食べ物をひたすら我慢して動脈硬化を防ぐより、運動を取り入れながら、適度に食事も楽しんで動脈硬化を防ぐほうが、現実的に続けられそうな気がしませんか。

また、運動によって血液の巡りがよくなり血流が増すと、血管の柔軟性や弾力性が高くなります。これも運動で動脈硬化を防ぐことができる大きな理由です。

このように筋トレウォーキングは、死因や寝たきりの原因となる脳梗塞や心筋梗塞の大本、動脈硬化の防止にも強い力を発揮するのです。

歩き方を変えれば、骨密度が上がり転ばない体に

寝たきりの原因として挙げられるものに「骨折・転倒」があります。

高齢になると骨粗しょう症などが原因で、骨折しやすくなるというのは聞いたことがある方も多いはず。

中でも近年、**高齢化に伴い増加し続けている骨折が「大腿骨頸部骨折《だいたいこつけいぶこっせつ》」**です。

それではまず、大腿骨頸部とはどこなのか。そこからお伝えしましょう。

私たちの体の中には、約200個の骨がありますが、その骨の中で最も長いのが、大腿骨です。大腿骨は股関節から膝の関節まで伸びているので「太もも部分の骨」と考えるとわかりやすいかもしれません。

大腿骨頸部とは、その大腿骨の付け根のところ、股関節につながる部分を指します（73ページのイラスト参照）。

大腿骨頸部によって胴体と脚はつながれているので、この骨は全身を支える役割をし、日常の動作に大きな影響を及ぼしています。

そのため、この大腿骨頸部を骨折してしまうと、手術などを行って完治しても、歩行や日常の動作が困難になってしまう可能性があります。

恐ろしい骨折ですが、いったいどんなときに起こるのでしょうか。

大腿骨頸部骨折は、骨粗しょう症などで骨がもろくなっている高齢の方が、転倒したときなどによく起こります。ただ、転倒といっても、つまずく、ベッドから落ちるといった軽い衝撃で起きる場合もあり、中には原因もないのに、いつの間にか骨折していたという事例も発生しているのです。

高齢の方であれば、ふとした拍子に折れてしまう可能性がある大腿骨頸部。

しかし、筋トレウォーキングをすれば、この骨折のリスクを減らすことも可能です。

一般的に「骨を強くするにはカルシウムをとる」というのはよく知られていますが、実は、ただカルシウムをとるだけでは、骨は強くなりません。

骨を強くするには、カルシウムをとるだけでなく、物理的な刺激によって骨に圧力を加えることが大事です。骨に圧力が加わることによって、体の中にあるカルシウムが、骨にきっちりと吸収されます。

つまり骨を強くするためには、カルシウムをとるだけではなく、強くしたい骨に適度な刺激を与えてあげることが必要なのです。

筋トレウォーキングでは、大股の速歩き、適度な歩幅のゆっくり歩きを交互に

大腿骨頸部とは…

胴体と脚をつなぐ骨。全身を支える役割も果たしている。

⬇

転倒などでこの部分を骨折すると、完治しても歩行や日常の動作に大きな影響が出る可能性が…！

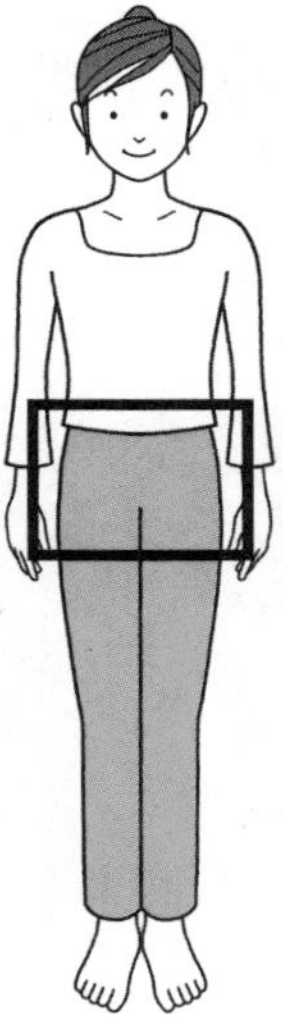

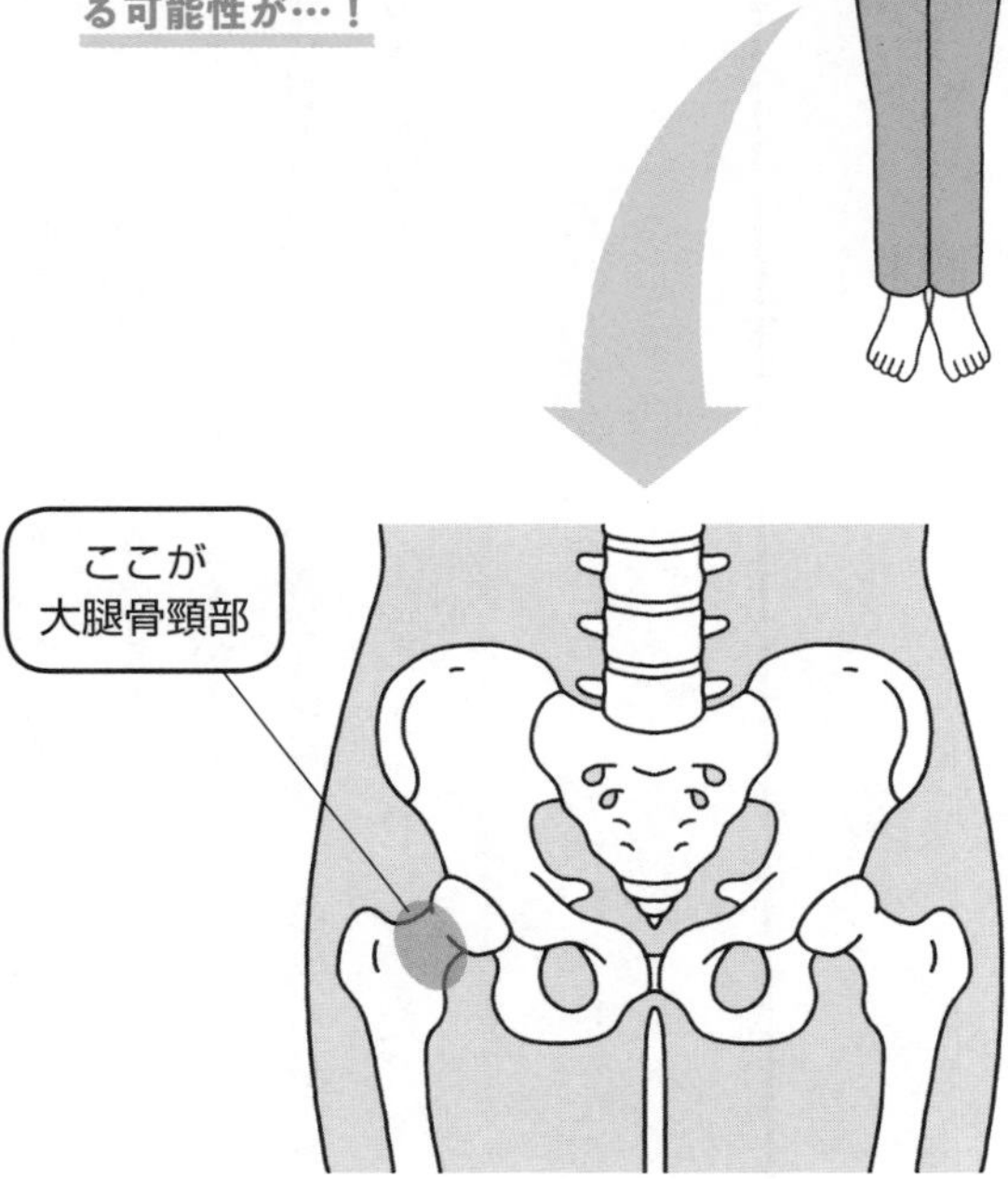

くり返すので、足が地面に着くときの衝撃がリズミカルに脚全体に伝わります。

もちろん、大腿骨頸部にもこの衝撃は伝わるので、刺激を加えて圧をかけることができ、大腿骨頸部の骨密度を上げ、骨を強くすることができます。

実際に50歳以上の女性119名を対象に6カ月間、筋トレウォーキングを行ってもらったところ、骨年齢が2歳程度若返ったという結果が得られました。

また、ウォーキングによって筋力、持久力を鍛えることで、骨折の原因「転倒」を防ぐこともできます。

明日起こるかもしれない骨折のリスクも歩くことによって、軽減できるのです。

今もあなたの中で進む「かくれた老化」の恐怖

シワが増えた、白髪が目立ってきた、というように外見からわかる老化現象とは異なり、筋力や持久力の衰えはなかなか自分では気づきにくいものです。

先にお伝えしたとおり、サルコペニアによって私たちの筋肉は年々減っていきます。もし、あなたが50代であれば、20代の頃に比べ30％前後の筋肉がなくなっているのです。それだけの量の筋肉が体からなくなれば、脚が細くなったり、体重が減ったりしそうなものですが、多くの方はどちらも変わっていないということが多いのではないでしょうか。

むしろ、昔より体重が増えたという方もいるかもしれません。

これは、なぜでしょう。

体のしくみとは不思議なもので、筋肉は年と共に減少しますが、脂肪は減っていきません。そのため筋肉が減るにつれて、本来筋肉があった部分に脂肪がどんどん入り込んでいきます。つまり、脂肪が筋肉にすり替わっていくのです。

この結果、**見た目の手足の太さは変わらないものの、体の中身は「筋量がガタ落ちし、脂肪がそのぶん増えている」という恐ろしい状況に陥ります。**

これは目に見えた変化としてわからないので、体の中で「かくれた老化」が進んでいたとしても「見た目も変わらないし、まだ自分は大丈夫」と、思ってしまう原因になります。

また、普段私たちが活用する便利なサービスやシステムも、その便利さゆえに、私たちに筋力と持久力の低下を実感させにくくしています。

豊かなサービスと機械化が進んだ現代では、体を動かす機会が減っています。少し離れた場所に行くにも、電車やバスを使えば歩く必要はありませんし、買い物にでなくても、インターネットで商品を注文すれば、家まで届けてくれる宅配サービスも充実しています。

便利なサービスによって、日常生活の中で体を動かす機会が少なくなったため、私たちは、自分の最大体力の20〜30％しか使わなくても、じゅうぶん生きていけるのです。

普段からテニスやマラソンなど、自分の体力の上限に近づくような運動を行っている方であれば、「昔より足がついていかなくなった」「30代の頃より走れる距離が短くなった」など、自分の体力の衰えに気づけるチャンスがあるのですが、最大体力の20％程度しか使わない省エネモードで生活していれば、なかなか筋力と持久力の低下を自覚することはできません。

このように、筋力、持久力の低下は、体にとって重大な影響を及ぼすにもかかわらず、意識しにくいため見過ごされがちです。

体をむしばむ「かくれた老化」は、「自分はまだまだいける！」と感じている方の中でこそ、急速に進んでいる可能性があります。気づいたときには寝たきりになっていたということがないよう、今からしっかり対策を立てていきましょう。

気づいていますか？老化のサイン

見た目にはわかりにくく、現代社会では意識する機会が少ない筋力と持久力の低下。非常に恐ろしいものですが、これは高齢の方に限ったものではありません。筋肉は使わなければどんどん衰える、というのは先にお話ししましたね。

それは高齢の方でも、30代や40代の方でも同じ。つまり、体を意識して動かさなければ、40代の方の体の中でも老化は着実に進むのです。

デスクワークで一日中座りっぱなしの方はいませんか。

通勤時に歩く以外、特別な運動はしていないなんてことはありませんか。

意識して動かさずにいると、体の中の筋肉はどんどん減っていきます。

しかし、自覚しにくい「かくれた老化」にも、その予兆はあります。この小さなサインに気づき、早めに対策を立てれば、老化を自分の力で食い止めることは可能です。日常の中で現れる「老化のサイン」を、チェックリストとしてまとめました。何個あてはまるか、チェックしてみてください。

老化のサイン「チェックリスト」

- □ 駅やデパートでは、あれば必ずエスカレーターを使う
- □ 家事や仕事以外では、ほとんど体を動かさない
- □ 階段を上ると、息切れがする
- □ 電車やバスに乗ったときは、乗車区間が短くても空いている席を探す
- □ 片足立ちで靴下が履けない
- □ 家の中でつまずいたり、すべったりする
- □ 階段を上がるのに手すりが必要

□家のやや重い仕事が困難である（掃除機の使用、布団の上げ下ろしなど）
□15分くらい続けて歩くことができない
□2kg程度の買い物をして持ち帰るのが困難だ
□横断歩道を青信号で渡りきれない

『ロコチェック』（ロコモチャレンジ！推進協議会ホームページ）『あなたの運動不足度を診断します』（公益財団法人健康・体力づくり事業財団ホームページ）を元に作成

いかがでしょうか。あてはまるものが多いほど、老化があなたの中で進行している可能性があります。

ただ、あてはまる項目が多かったとしても、落ち込む必要はありません。

筋力と持久力はいくつになっても増やすことができるので、対策さえすれば、何歳からでも若い体を手に入れることができます。

筋トレウォーキングで、老化に負けない体をつくっていきましょう。

第3章

今日からできる！筋トレウォーキング

筋トレウォーキング　基本の歩き方

さて、ここからは早速、筋トレウォーキングの実践法を説明していきます。

第1章でも簡単にふれましたが、筋トレウォーキングのやり方は至ってシンプル。基本の歩き方は次のとおりなので、簡単に覚えられ、どなたでもすぐにはじめていただけるはずです。

1．「速歩き」3分間

まず、自分自身がややきついと感じるペースで「速歩き」を3分間行います。
ややきついと感じるペースとは、歩いていて息が上がってくるぐらいの速度のこと。ややきついペースがわからない場合は、散歩がてらウォーキングをしてみて、徐々に歩く速さを上げ、ペースをつかんでみるのがおすすめです。

2. 「ゆっくり歩き」3分間

続けて、散歩のときのようなゆるやかなペースの「ゆっくり歩き」を3分間行いましょう。ここでは、速歩きで上がった息を整えるようにゆったり歩きます。3分間の計測は、腕時計やストップウォッチを活用するのがおすすめです。

3. 「速歩き3分間→ゆっくり歩き3分間」×5回を週4日以上

この「速歩き→ゆっくり歩き」を1セットとし、これを1日5セットくり返します。週4日以上、このウォーキングができれば、あなたの体はみるみる変わっていくはずです。

基本の歩き方

ややきついペースで

速歩き 3分間

25メートルほど
先を見る
肘を90度ぐらいに
曲げ、しっかり振る
背筋は
ピンと
伸ばす
かかとから着地

互に

全身を使うつもりで、しっかり腕を振り、大きな歩幅で歩く。手を握ると肩に余計な力が入ってしまうので、手は軽く握るか、自然に開いた状態がベスト。

リラックスして
ゆっくり歩き 3分間

5回×

ゆっくり歩きでも、
背筋はまっすぐ
いつもの歩幅で

交

リラックスタイムのゆっくり歩きでは、背筋を伸ばすことだけを意識すればＯＫ。汗をふいたり、水分補給をしたりするなど、次の速歩きに備えながらゆっくりと歩こう。

「週に1回」でも、必ず体が変わる！

「確かにやり方は簡単だけど、週に4日も歩く時間はとれない」

もしかすると、そう思われた方もいらっしゃるかもしれません。

実は、筋トレウォーキングでは「速歩き3分間」「ゆっくり歩き3分間」「1日30分」といった時間を厳密に守る必要はありません。

先ほどご紹介した、基本の筋トレウォーキングの時間は、あくまで基準。

筋トレウォーキングを日々の生活の中で無理なく続けていくために、最もやりやすい時間設定としてご提案した、大まかなガイドラインだと思ってください。

これまでの私たちの研究の中で、１週間のうちに合計で「１２０分以上の筋トレウォーキング」ができれば、確実に効果がでることが実証されています。

つまり、１日30分間の筋トレウォーキングを週４日やった場合も、１日60分間の筋トレウォーキングを週２日だけやった場合も、効果はまったく同じなのです。

また、「速歩き３分間」「ゆっくり歩き３分間」というのも基準となるガイドラインですので、３分間速歩きを続けるのがつらかったら、１〜２分に短縮しても問題はありません。

反対に体力に自信のある方は、速歩きを5分間や10分間、無理をしない程度の時間続けていただき、ゆっくり歩きを同程度行う歩き方でもかまいません。ただ、速歩きをして疲れたなと感じたら、無理をせず、すぐにゆっくり歩きへと切り替えること。極端に無理をして速歩きを続けても、体に余計な負担をかけるだけなので、絶対にやめましょう。

このように筋トレウォーキングは、自分のスケジュールや体力に合わせて、運動時間をバリエーション豊かに変えることができる画期的なウォーキング法です。

このやり方であれば時間がない方でも、無理なく続けられるはずです。

より具体的にイメージしていただくために、筋トレウォーキングを生活の中にうまく取り入れる例を挙げてみましょう。

・平日が仕事や用事で忙しい場合は、土・日に1時間ずつ歩く
・通勤や昼休みなどのすき間時間を活用したいという場合は、10分間の筋トレウォーキングを朝、昼、晩、週4日行う
・気晴らしもかねて1週間に1日、基本の筋トレウォーキングを2時間行う

いかがですか。「ウォーキング120分」というと、少し長く感じるかもしれませんが、1週間という単位の中で考えると、120分ぐらいの時間はなんとか

やりくりして続けられるような気になりませんか。

もちろん、時間がじゅうぶんにとれる方であれば、週4日、基本のプログラムをしっかりこなしてみることをおすすめします。筋トレウォーキングを定期的に行うことで、生活リズムも整ってくることが感じられるはずです。

ただ、忙しくてどうやっても運動の時間をつくれないこともありますよね。

一番大切なことは、1週間に120分歩けなかったからといって、筋トレウォーキング自体をやめてしまわないことです。第1章でもお話ししましたが、運動せずに普通に生活をしているだけでは、急流に流されるように急速に老化が進んでいってしまいます。

短い時間であっても、週120分に満たなくても、とにかくやり続けることが大切です。やめてしまえばそこで終わりですが、小さなステップでも続けていくことで、必ず筋力と持久力はついてきます。

週120分以上を目標に、筋トレウォーキングを楽しむ生活をはじめましょう。

たったこれだけ！歩き方2つのポイント

ここまで「合計時間、週に120分以上を目標に」と、筋トレウォーキングについてお伝えしてきましたが、もちろん、ただやみくもに筋トレウォーキングを120分間すればいいというわけではありません。

きちんと効果をだすためには、次の2つのポイントを押さえることが重要です。

筋トレウォーキング　2つのポイント

1. 速歩きのときは「ややきつい」ペースで、ゆっくり歩きのときは「リラックスして」歩くこと。

2. 速歩きのときは大股で、ゆっくり歩きのときは普通の歩幅で歩くこと。

章の冒頭でもお伝えしましたが、1つ目のポイント「ややきついと感じるペースでの速歩き」に関しては、「ややきついペースがわからない」という方もいるでしょう。

ややきついと感じる速度は、個人個人の体力によって異なります。そこでおすすめするのが、実際に公園などを歩いてみて自分のややきついペースを実感してみることです。

まず、自分自身が楽だと感じるゆっくりした速度でウォーキングをはじめ、そこから徐々にペースを速めていってみてください。歩いていて息が上がってくる速度があるはずです。それが、あなたの「ややきついペース」。そのまま歩いていると、汗ばんでくるくらいのペースです。

歩く速度は人それぞれですので、自分の主観でややきついと感じるペースで歩ければ問題ありません。

対してゆっくり歩きのときは、リラックスして歩くことが大切。乳酸が体から抜けていく様子をイメージしながら、体の各部分を伸ばすように歩きましょう。

2つ目に関しては、「速歩きのときは大股で歩く」ということが要《かなめ》になります。第1章でもお伝えしましたが、大股で歩くことで下肢筋肉を多く使うことができ、それが全身の代謝量の向上につながり、筋力・持久力を鍛えることになるのです。

普段歩いている歩幅よりもやや広めに足を踏みだし、サッサッサッとリズミカルに歩いてみましょう。次の点に注意すれば、自然と大股で歩くことができます。

・背筋をシャキッと伸ばして胸を張る

・かかとから着地する
・肘は90度くらいに曲げて大きく振る

細かな歩き方については後ほど説明しますが、とりあえずこの3つを意識して歩くことからはじめてみましょう。
頭の中で「イチニ、イチニ」と数えて歩いてみると、自然と足が前にでてテンポよく歩けるので、ペースがつかみにくい場合はおすすめです。

また、私の知っている方の中には、自分のテンポとぴったり合った音楽を聴きながら歩いている人もいます。曲にもよりますが、たいていの曲はだいたい3〜5分ほどなので、1曲音楽が終わったら歩き方を切り替えれば、時計を見なくて済みますし、好きな音楽に合わせて楽しくウォーキングを続けられそうですね。

見た目も中身も若返る！筋トレウォーキング式歩き方の極意

筋トレウォーキングでは、速歩きのときに大股でサッサッと歩き、ゆっくり歩きのときはできるだけリラックスして歩くことが大切だとお伝えしました。

ここでは「大股で歩くためのコツ」をより詳しく説明します。

コツの1つ目は、「背筋をシャキッと伸ばして胸を張って歩く」こと。

大股で歩くというと、気持ちが焦ってしまうのか、首を前に突きだし背中を丸めて歩く人がいますが、実はこれでは速く歩けません。

また、猫背になっていたり背中が反り返っていたりすると、速く歩けないばかりか、余計な疲れや、膝や腰を痛める原因にもなりかねないので注意しましょう。

歩く前に一度、全身が映る鏡の前に横向きになって立ち、自分の姿勢をチェックしてみましょう。背筋は伸びていますか？　背中や腰が反り返っていませんか？　肩や首が前にでて猫背になっていないでしょうか？


背筋をまっすぐ伸ばすには次の方法がおすすめです。

まず、ハンドタオルを用意します。タオルの両端を両手で握ってピンと張り、頭の上に持ってきます。そのまま頭の後ろを通して、首のあたりまで下ろし、できるだけ肩甲骨を寄せます。肩の位置を変えないように意識して、両手をそっと下ろしましょう。どうですか。背筋がきれいに伸びて、胸も張っているのではないでしょうか。これが正しい立ち方です。

タオルがなければ、タオルを握っているようなイメージで先ほどの動きを行ってみましょう。思った以上に胸が張るので、いばっているように見られるのではと心配する方もいるかもしれませんが、逆に若々しく格好よく見えるはず。普段でもこの姿勢をキープするよう心がけてみてください。

次に、歩くときの目線ですが、前方25メートル先を見るように心がけましょう。こうすることで、速歩きに集中するあまり猫背になることを防ぎ、いつもまっすぐ背筋を伸ばして大股で歩くことができます。

腕は、肘を90度ぐらいに曲げ、後ろと前にしっかりと振ります。腕を大きく振ることで腰の回転が少なくなり、腰を痛めず歩くことができます。このとき、手はしっかり握らなくても大丈夫です。手を強く握ると肩に余計な力が入ってしまいます。

最後に脚ですが、大股で踏みだしたら、つま先を上げてかかとから着地するよ

背筋をまっすぐ立たせるには…

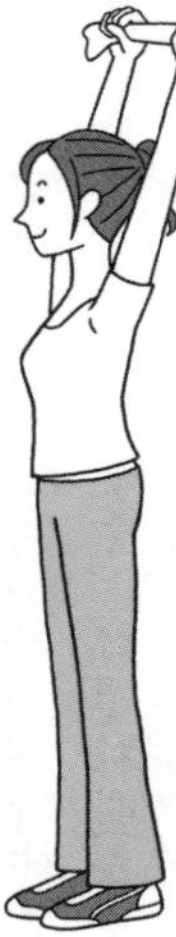

①ハンドタオルを用意する（なければ、タオルを握ったようなイメージで）。
②タオルの両端を両手で握ってピンと張り、頭の上へ。

このときの背筋をキープ

③そのまま頭の後ろを通して首のあたりまで下ろす。

こんな歩き方は NG です!!

「猫背」
呼吸が深くできず、腕もしっかり振れない。
「反り過ぎ」
腰に余計な負担を与え、足も大きく踏みだせない。

う意識してみましょう。かかとから着地しようと意識することによって、自然と大股で歩けます。このとき、体重移動をできるだけ早く行うと、かかとに過剰な衝撃がかかることを防ぐことができます。

かかとから着地する理由はもう1つあります。かかとからの着地を意識することで、足首を直角に曲げ、すね部分の筋肉を鍛えられるのです。つま先が階段の段差などにひっかかって起こるつまずきや転倒は、この筋肉の衰えが原因といわれていますから、ここを鍛えることで転倒予防もできるようになります。

大股で歩くためのコツをもう1度簡単にまとめると、

①背筋をまっすぐ伸ばす　②25メートル先を見て歩く　③肘を90度程度に曲げ、腕を大きく振る　④かかとから着地する

となります。はじめからすべてのコツを押さえようとせず、できるところから焦らずはじめていきましょう。

次に、ゆっくり歩きのときの歩き方ですが、ゆっくり歩きのときは「歩き方について意識し過ぎないのが重要」です。

背筋を伸ばして、普段の歩幅で、リラックスして歩けばOK。

ゆっくり歩きは、ウォーキング時間を長く継続させるために大切なリフレッシュタイム。上がった息を整えるよう、ゆったり歩きましょう。フォームは気にしなくていいのですが、背筋だけはピンと伸ばすよう意識してみてください。

運動効果がグッと高まる！20秒間ストレッチ

他の多くの運動と同様、筋トレウォーキングをはじめる前には、ストレッチを行うことをおすすめします。

ウォーキング前にストレッチを行うと、体がよく伸びて筋肉が動きやすくなり、大股で速く歩くことができるので運動効果が格段に上がります。また、中高年に多い肉離れや足首などのケガ、膝の痛みを防止することもできます。

ただ、

「通勤時間や昼休みなどに、人前でストレッチをするのは恥ずかしい」

「ストレッチの時間をとるのは、少し面倒だ」

という場合は、筋トレウォーキングをはじめる前に、「大股でのブラブラ歩きを3～5分ほど行うこと」をストレッチの代わりにしていただいてもかまいません。大股で大きく腕を振って歩き、全身の筋肉を動かし伸ばすことは、簡易的なストレッチの代わりになるのです。

ただし、3～5分のブラブラ歩きをストレッチの代わりとして取り入れる際は、普通の歩幅で歩くのではなく、必ず大股で脚や腕をしっかり伸ばすようにして歩くことを意識してください。あくまでストレッチの代わりに歩いているということを忘れずに。

このブラブラ歩きは、運動後のクールダウンにも活用できます。筋トレウォーキングを終えるときも、大股でゆっくり3～5分歩くことで、運動後のストレッチを省略することができるのです。

ただ、脚に故障がある方や、久しぶりの運動で体力に自信がない方は、これからご紹介する基本のストレッチを運動の前後に行ってください。

筋トレウォーキングでは、ややきつい速歩きを行うため、普通のウォーキングより体に若干負荷がかかります。時間がないときであっても、「ふくらはぎのストレッチ」だけでも行ったほうが、安心して運動に取り組むことができます。

また、ストレッチをせずに歩いたときは、何より無理をしないことが大切です。健康のための運動で、体を壊してしまっては元も子もないので、できるだけ万全の対策をして筋トレウォーキングにのぞむようにしましょう。

これからご紹介する基本のストレッチは、いくつ行ってもかまいません。

いずれのストレッチも、反動をつけずに、ゆっくり10～20秒ほどかけて体を伸ばすのがポイントです。

ストレッチで気持ちよく体がほぐれたら、さっそく筋トレウォーキングをはじめましょう！

1 腕・肩・背中上部のストレッチ

①
足を肩幅に開く。

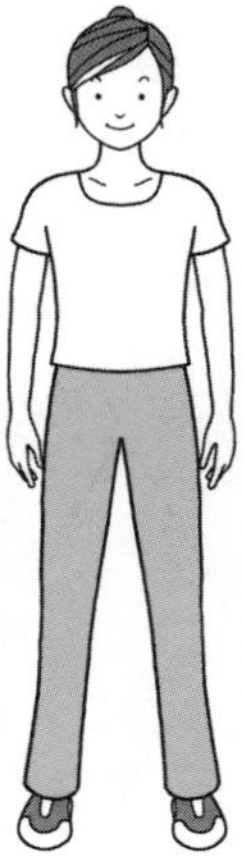

②
手のひらを上に向けたかたちで、頭の上で両手を組み、腕を少し後ろに引き、腕、背中をしっかり伸ばす。

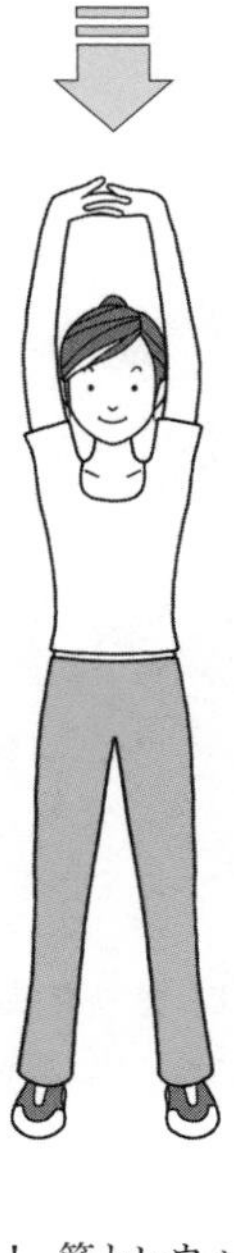

2 股関節・太もも内側のストレッチ

①
足を肩幅よりも広く開く。

②
膝をゆっくり曲げ膝より少し上に両手をそれぞれ、そえる。

③
そのままゆっくり腰を落とし、張りを感じるポイントまで太ももの内側を伸ばしていく。

3 股関節・肩・腰のストレッチ

①
106ページ②の股関節・太もも内側のストレッチをした状態で左肩を前に押しだす。

②
左手で左膝を外側へ押しだすようにしながら、上体を右のほうへひねる。

③
反対側も同様に行う。

4 ふくらはぎのストレッチ

①
足を前後に開き、
膝と足のつま先を
同じ方向に向ける。

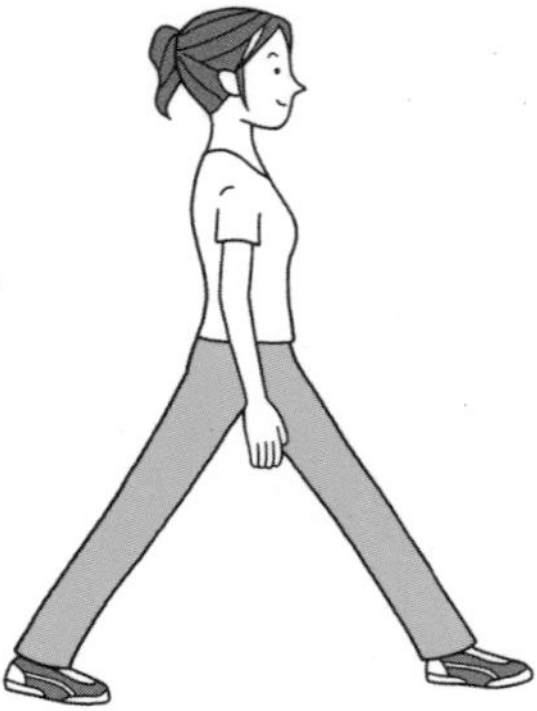

②
前にだした足の付け根に両手を
そえる。

③
後ろの足のかかとが地面からはなれないようにしながら、上体を前へ押しだし、前にだした足の膝をゆっくり曲げる。後ろの足のふくらはぎ部分を伸ばす。

④
反対側も同様に行う。

5 太ももの表側のストレッチ

①
右手でイスや手すりなどをつかむ。左脚を後ろに曲げ、左手で足の甲を持つ。

②
背筋を伸ばし、左足のかかとをお尻のほうへ引き寄せる。

③
上体が前のめりにならないように、また、腰が反り返らないように注意して、左足の太ももを伸ばす。

④
反対側も同様に行う。

毎日が「寝たきり予防の運動時間」に変わる

速歩きとゆっくり歩きを交互に行う筋トレウォーキング。筋トレウォーキングの大きなポイントは「歩くだけでできる」ということにあります。特別な体操も、筋トレもいりません。

私たちの生活は歩くことで支えられているといっても過言ではないでしょう。「本当?」と思ったあなた。1日を振り返ってみましょう。当たり前かもしれませんが、まったく歩かずに1日過ごすことはできないはずです。

朝起きて、洗面所まで歩いていき顔を洗う。その後、朝食を食べ身支度をして家をでて、駅まで歩く。駅から仕事や用事のために目的地まで歩いていく……。

筋トレウォーキングでは、日々の生活において必ず行う「歩く」という動作を、いつもと少し変えることで、簡単に筋力・持久力アップのトレーニングを行うことができます。生活の中の動作を変えるだけでできる、他の運動にはない「手軽さ」「やりやすさ」があるため、これまで運動を続けられなかった方でも、くじけることなく、何年も継続していただけるのです。

ここでは、筋トレウォーキングを毎日の生活の中に取り入れる方法をいくつかご紹介します。

買い物時間を利用しよう!

スーパーやコンビニなど、ちょっとそこまで行くときこそ、筋トレウォーキングに最適の時間です。

もし、いつも自転車でスーパーへ行っているようであれば、リュックサックを背負って、筋トレウォーキングをしながら行ってみるようにしましょう。

買い物をした荷物をリュックサックに入れれば、帰りも筋トレウォーキングを行うことができます。荷物の入った重いリュックサックを背負えば、そのぶん負荷がかかり、運動量を増やすこともできます。肩や背中が痛くてリュックサックを背負えない場合は、斜めがけのバッグでもかまいません。

コマ切れ時間を活用しよう!

基本の筋トレウォーキングは「速歩き3分間」「ゆっくり歩き3分間」ですが、もっと短縮して「1分間」「1分間」にしてもかまいません。

会社や家から歩いて2、3分で行ける場所に用事があるときは、短い時間であっても、筋トレウォーキングを行ってみましょう。2、3分の間でも「速歩き」と「ゆっくり歩き」を交互に行うことで必ず効果が得られます。

通勤時間を利用しよう！

通勤時間は恰好の筋トレウォーキングタイムです。家と駅、駅と職場の間の往復を歩けば、かなりの時間を運動にあてることができるでしょう。

通勤時にウォーキングを行うときですが、靴はウォーキングに適したクッション性が高く自分の足にフィットするものを履くことが大切です。女性の場合、ハイヒールでウォーキングをすると足首を捻挫する恐れがあるのでやめましょう。最近では、革製の見た目にもおしゃれなウォーキングシューズが売られているので、ぜひ探してみてください。

かばんは両手が使えるリュックサックが理想ですが、斜めがけのできるかばんでもOK。大股で歩きにくくなるので、どうしてもというとき以外はできる限り、手に荷物を持たないほうがよいでしょう。

ウォーキングは頭をスッキリさせる効果もあるので、通勤時に行えば仕事にも集中できるはず。ぜひ仕事の前後に筋トレウォーキングを取り入れてください。

いかがでしょうか。運動は継続できなければ意味がないので、忙しくて時間がとれない方はここで紹介した方法を使い、筋トレウォーキングに取り組んでいきましょう。

ただ、やはり一番効果がでるのは、「集中してウォーキングを行ったとき」です。

そのため、できる限り筋トレウォーキングのための時間をとり、自分の体に向き合う気持ちで、ウォーキングを行いましょう。

「歩くぞ！」と決意すること、集中して歩いた後の「歩いた！」「やった！」という達成感を味わうことは、ウォーキングの継続にもつながります。

また、筋トレウォーキングを行うと体の代謝が活性化し、体内時計も整います。結果、生活のリズムも整ってくるので、定期的に筋トレウォーキングを行えば、時間に追われるのではなく、時間をうまく管理し、これまでより自分の時間を増やすこともできるようになるのです。

3つのコツさえ押さえれば、ウォーキングは誰でも継続できる

「歩き方を少し変えるだけで、体がみるみる若返っていく」

非常に画期的な筋トレウォーキングですが、継続しないと効果は期待できません。そうはいっても、1つのことを続けるのは難しいものですよね。

「やろう！」と決意しても三日坊主になってしまうことは、少なくありません。

先にも述べましたが、私は長野県で25年近く、8700名以上の方に筋トレウォーキングを指導してきました。**その中でも大きな壁となったのが、やはり「ウォーキングを継続すること」**です。

どうすれば多くの方に筋トレウォーキングを続けていただけるか考え、たどり

着いた継続のコツが3つあるので、ここで紹介します。このコツは、何か他の事に取り組むときにも活用できると思いますので、ぜひ覚えておいてください。

筋トレウォーキング　継続のコツ

1. 記録する（自己比較）
2. ライバルを見つける（他者比較）
3. 結果を見せる（コミュニティ）

1つ目の「記録する」とは、文字通り、筋トレウォーキングの記録をとってみることです。たとえば、コースを1つ決め、そこを歩くのにかかった時間を書き記しておきます。歩くたびにきちんと記録をとっていけば、その積み重ねが自分の自信にもつながりますし、だんだんとタイムが短縮されているのがわかれば、「明日はさらに短くできるはず！」と、モチベーションを高めることができます。

昨日の自分と今日の自分を比較し、そこに変化や進歩を見ることで、気持ちを鼓舞させ、運動を継続することができるようになるのです。

2つ目の「ライバルを見つける」は、よい競争相手を見つけ、その人に負けないように筋トレウォーキングに取り組むことです。

もし、身近にウォーキングをしている人がいなかったら、ダンスやテニスなど他のことに打ち込んでいる同世代の人をよきライバルとして見る、という方法もあるでしょう。

「あの人だって頑張っているのだから」「あの人には負けたくない」という気持ちは、心の内からメラメラと燃えるようなやる気を奮い立たせます。「よし、私も負けないぞ！」という気持ちを持つことで、くじけそうなときも筋トレウォーキングに取り組むことができるはずです。

3つ目の「結果を見せる」は、自分のウォーキングの成果を見せる場所をつくることです。誰しも自分の努力の成果を認めてもらえるのはうれしいもの。

「頑張ってるね！」と、いってもらえるような場所を持つことで、ウォーキングを続けることができます。

筋トレウォーキングをはじめるときに、友人でも家族でも、一緒にウォーキングに取り組む仲間をつくることができれば一番です。仲間がいれば、励まし合い、お互いの成果を確認し合いながら、ウォーキングを継続することができるでしょう。

また、ウォーキングの成果をインターネット上のブログなどに、書き記すこともおすすめです。自分の頑張りを誰かに認めてもらうことが、運動継続のモチベーションになるのはもちろん、「ウォーキングをはじめたこと」をなんらかのかたちで宣言することで、簡単にやめるのが恥ずかしくなり、運動を継続できます。

3つのコツを活用すれば、筋トレウォーキングを習慣にすることができるはず。継続は力なり。コツを活用し、ウォーキングに取り組んでいきましょう。

【膝痛に悩む人におすすめ】水中での筋トレウォーキング

ここからは少し上級編です。筋トレウォーキングの効果をより高め、さらに楽しんで歩くための「筋トレウォーキングの応用法」をお伝えしていきます。

普通の筋トレウォーキングに飽きてしまったときや、もっとステップアップしたいときに、ぜひ取り入れてみてください。

まず、おすすめするのが「水中での筋トレウォーキング」です。

やり方は陸上と同じ。温水プールなど冷た過ぎない水に胸下まで漬かり、ややきついと感じる速歩きとゆっくり歩きを3分ずつ交互に行えばＯＫです。

基本の歩き方

ややきついペースで

速歩き 3分間

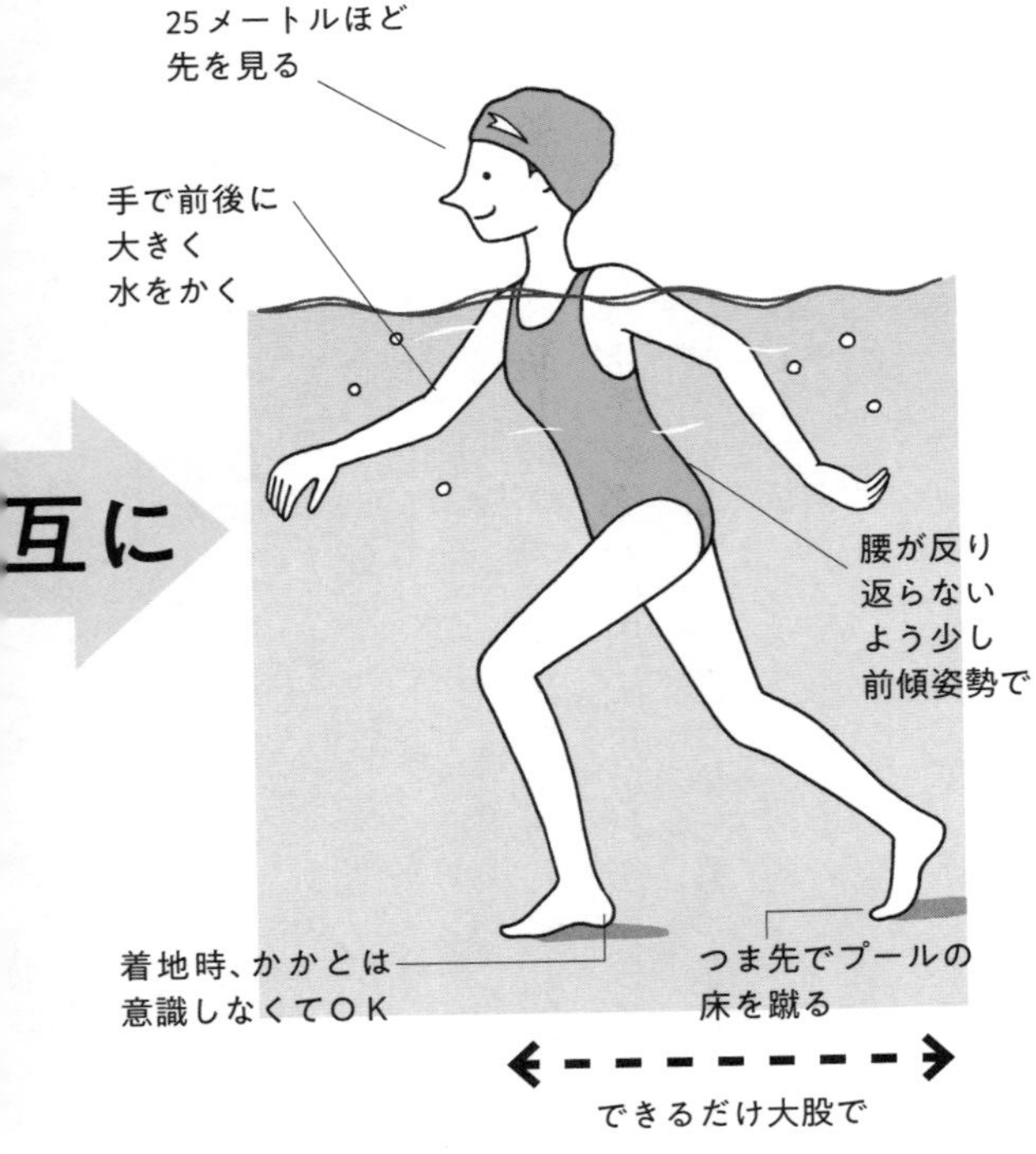

25メートルほど
先を見る
手で前後に
大きく
水をかく
互に
腰が反り
返らない
よう少し
前傾姿勢で
着地時、かかとは
意識しなくてOK
つま先でプールの
床を蹴る
できるだけ大股で

手で交互に水をかきながら、大きな歩幅で歩く。上半身を少しだけ前傾姿勢にしつつも、うつむかず、首はまっすぐ立たせ、遠くを見ること。

リラックスして

ゆっくり歩き 3分間

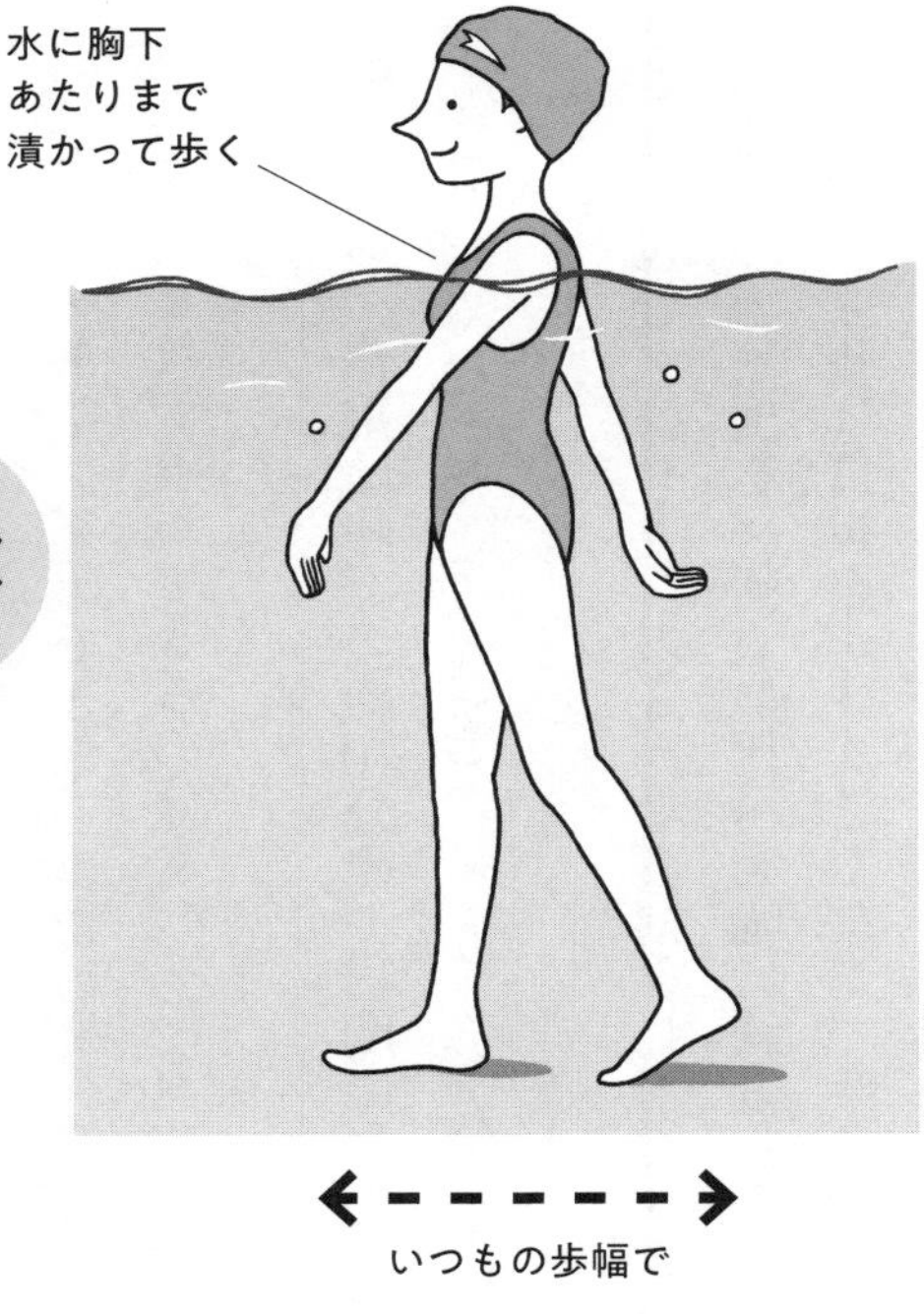
水に胸下
あたりまで
漬かって歩く
いつもの歩幅で

5回×

交

ゆっくり歩きは地上で歩くときと同様、リラックスタイム。息を整えつつ、水の中を楽しんで歩こう。

水中筋トレウォーキングでは、体にかかる余計な負担や疲れを減らしながら、陸上での筋トレウォーキングの約2倍の運動効果を得ることができます。

いつもより疲れず安全にウォーキングができて、運動効果が倍になる――。矛盾しているようですが、これが実現できるのは水の「浮力」と「抵抗・水圧」のおかげです。

水の中では浮力が働くため、体重は陸上の約10分の1程度になります。水の中に入ると、体がいつもより軽くなったような感じになりませんか？　これは浮力の力です。

水の浮力は体をやさしく包むクッションのような役割をしてくれるので、足を地面に着けたときの関節への衝撃度を、陸上に比べ大幅に減らしてくれます。そのため、膝に痛みがある方でも膝に負担をかけることなく、楽に歩くことができるのです。膝が痛いから歩くのを諦めていたという方は、水中での筋トレウォーキングからはじめてみるとよいでしょう。

また、水の中では、水の抵抗が発生します。水の中で歩くと、陸上で歩くときよりも大きな抵抗を感じますよね。これは、水の重さが空気の約1000倍あるから。この抵抗のおかげで、陸上を歩くときより負荷をかけることができ、運動効率が上がります。

陸上でのウォーキングの場合、体が10歳若返り、生活習慣病の数値が下がるまでには、5カ月ほどかかりますが、**水中のウォーキングではその約半分以下の2カ月ほどで効果を実感することができるのです。**

さらに水の中で歩くと、水圧によって普段は重力のために下半身にたまりがちな血液が押し上げられ、心臓へ戻る血液の量がぐんと増えます。全身に血液を送る役目をしている心臓へ血液が戻ってくると、それを心臓が押しだして、手足などの末梢《まっしょう》血管にも血液がしっかり行きわたるようになります。血液は、酸素や栄養、ホルモンなど体に必要なものを運ぶ役目をしているので、この血液の巡りがよくなると、必然的に体調もよくなるのです。
血の巡りがよくなると、血液にのってじゅうぶんな量の酸素が筋肉に運ばれることになるので、「筋肉を動かすエネルギー」を効率よく生みだすことができ、疲れや筋肉痛の原因となる乳酸もでにくくなります。
どうでしょうか。これが、運動効果は2倍、安全で疲れや筋肉痛知らずの「水中筋トレウォーキング」のメカニズムです。

この他にも、水中での筋トレウォーキングには、プラスアルファのうれしい効果がたくさんあります。

まず、**高いリラックス効果を得られること。**プールや海など、水の中にぽっかり浮かんでいる状況を思い浮かべてみてください。とても心地よい感覚になりませんか。これは精神的なものだけでなく、体が重力から解放され、全身の筋肉がゆるむから。こわばった筋肉がほぐれることで、肩こりなどもすっと治っていきます。

また、水中筋トレウォーキングには、膝にたまった水を抜いたり、体のむくみをとったりするなどの「体の中の余計な水を抜く」効果があります。

先ほど、水圧で全身の血流がよくなることはお話ししましたね。心臓に、末梢血管からたくさんの血液が戻ってくると「体に血液がたくさんある」と感じた体が腎臓から、尿を多くだすように働きはじめます。この結果、いつもより尿の量が増え、体の中の水分が一時的に少なくなって体内の血液が濃縮され、血液中にあるアルブミンというタンパク質の濃度が濃くなります。すると、アルブミンの濃度を一定にしようとして、血液は体のさまざまな部分から血管に水を取り込もうとするのです。

この作用によって、膝にたまっていた水が抜けたり、むくみの原因となる余分な水分が抜け、体をすっきり軽くさせることができるのです。

関節にたまる水に悩まされ、注射器で水を抜いている方は、ぜひ、水中での筋トレウォーキングを試してみてください。


ここまで読んでくださった方の中には、「泳いでも同じ効果が得られるのでは？」と、思われた方もいるかと思いますが、それは違います。

泳ぐことでも、もちろん運動効果は得られますが、泳ぐのは歩くのに比べて、体にじゅうぶんな抵抗や水圧をかけることができません。

水の抵抗を体全体で受けながら歩くからこそ、水圧の力で「血流がよくなる」「余計な水が体から抜ける」などの効果を得ることができるのです。


会社への行き帰りの道や、家の近くに温水プールがある方は、ぜひ、いいことずくめの水中での筋トレウォーキングを楽しんでみてください。

【負荷をしっかりかけたい人におすすめ】坂道での筋トレウォーキング

次にご紹介するのは、「坂道での筋トレウォーキング」です。

大股で速歩きをするというのは、簡単そうに見えて意外と技術を要します。腕を大きく振る、かかとから着地する……、慣れないうちはフォームにばかり気をとられて上手に歩けないかもしれません。そんなときにこそ取り入れてほしいのが、坂道での筋トレウォーキングです。

坂道を歩くと、平らな道を歩くときよりずっと疲れますよね。急な坂であれば、上りきったときに息が切れることも少なくありません。

坂道での筋トレウォーキングでは、坂が生みだす自然の傾斜によって、体に負荷をかけることができるため、平坦な道よりも簡単に「ややきつい状態で歩くこと」ができます。つまり、平らな道で歩くときのように、大股で思いきり速歩きをしなくても、坂道を心持ち速歩きで歩くだけで「大股で行うややきつい速歩き」と同程度の運動効果を得ることができるのです。

とはいっても、急な坂道ではきつくて途中でばててしまったり、歩くのが嫌になったりしてしまうので、できる限りゆるやかな坂道を選ぶとよいでしょう。

おすすめなのは、川の土手や川沿いの道。普段は気づきませんが、川は上流に向かって非常にゆるやかな傾斜を持っています。

上流に向かって、川沿いの道を「少し速歩き」と「ゆっくり歩き」で交互に歩くことで、基本の筋トレウォーキングと同程度の効果を得ることができるのです。

もし、体力に自信があるようでしたら、普通の筋トレウォーキングのときと同じペースで歩いてみましょう。より早く筋力・持久力をつけることができるはずです。

ただ、簡単に「ややきついレベルの運動」ができるということは、坂道での筋トレウォーキングはそれだけ体力を消耗しやすい運動であるともいえます。

川沿いなどの非常にゆるやかな坂道であれば、そこまで問題ないのですが、急な坂道などを歩く際は要注意。平らな道より足場が安定しにくいので、雨の日や体調がすぐれない場合は避けたほうがよいでしょう。

また、上りよりも下りのほうが、膝や腰など関節にかかる負担が大きくなるので、上り坂で筋トレウォーキングをしたら、帰り道の下り坂ではゆっくり歩いて帰ってくるようにしてください。

基本の歩き方

ややきついペースで
速歩き 3分間

25メートルほど
先を見る
背筋は曲げずに
少し前傾姿勢で
肘は90度ぐらい
に曲げ、大きく
振る
着地は意識し
ない
後ろ足で地面
を蹴る
心持ち大股で

互に

平坦な道でやるときのような「大股」は意識しなくてＯＫ。全身を使うつもりで、腕を振り前を見て歩く。

リラックスして

ゆっくり歩き 3分間

5回×

交

早歩きで負荷がかかった脚をいたわるように
景色を楽しみながら、ゆったりと歩こう。

ウォーキング後の牛乳で、筋トレ効果がアップする！

筋トレウォーキングの「筋肉を増やす効果」を高める簡単な方法があります。

それは、**筋トレウォーキング終了後1時間以内に、コップ1杯程度の牛乳を飲むこと**。なぜ、ウォーキング後の牛乳に筋肉量アップ効果があるのか、順を追って説明していきましょう。

筋トレウォーキングのようなややきつい運動を行うと、運動のためのエネルギーをつくりだそうとして、筋肉組織の活動が活発化します。

筋肉は運動によって傷んだ組織を修復しようと、タンパク質や糖質を普段より積極的に筋肉内に取り込むようになります。つまり、ややきつい運動後1時間は、タンパク質や糖質が、効率よく筋肉に吸収されていくのです。

その効率のいい1時間のうちに、タンパク質と糖質を併せ持った牛乳を飲むことで、筋肉を強化する栄養源をダイレクトに筋肉に取り込み、結果として筋肉量を効率的にアップさせることができます。

また、牛乳に含まれるタンパク質や糖質には、肝機能を向上させ、血液量を増加する効果もあります。血液量が増えると体温調節機能が改善されるので、汗をかきやすくなり、熱中症予防にも効果的です。

このことも、私たちの行った実証実験で科学的に実証されています。実験では、約20名の方々に、筋トレウォーキングに相当する自転車運動をしてもらい、その後にコップ1~2杯の牛乳を飲むことを、8週間続けていただきました。その結果、60~70代の方でも、血管の開きやすさが2倍になり、汗のかきやすさが2割も向上したのです。
近年では、異常気象といわれるほどに猛暑の日々が続くことがあります。ヒートアイランド現象なども影響し、熱中症に倒れる人は少なくありません。体を守るためにも、ぜひ、筋トレウォーキング後の牛乳を習慣にしてください。

筋肉を増やす効果は、牛乳の乳タンパク質と糖分によってもたらされるので、もし、牛乳が苦手で飲めない場合は、乳タンパク質がとれるチーズなどの乳製品と、糖分がとれるクッキーなどの甘いものを摂取するようにしましょう。
市販のひと口サイズのプロセスチーズであれば1〜2個、市販のクッキーなら1〜2枚程度でじゅうぶんです。

このようなお話をすると、牛乳や甘いものをとると、運動して消費したエネルギーをまた蓄えることになるのでは……と心配される方もいるようですが、問題ありません。

運動後の牛乳や乳製品、甘いものの成分は、そのままエネルギー回復にまわされて消費されるからです。ただし、もちろん食べ過ぎは注意してください。規定量内に控えることを忘れずに。

雨の日は家の中でもできるこの運動を!

筋トレウォーキングをするときにネックになってくるのが、雨の日でしょう。

少しの雨であれば、レインコートを着てウォーキングをしてもかまいませんが、基本的に雨の日は地面がすべりやすく、転倒の危険もあるので、控えたほうがいいと思います。

また、足腰に自信がない方や、膝や腰を痛めている方などは、雨の日にウォーキングをするのは避けたほうがよいでしょう。

そこで、ここからは、筋トレウォーキングの代わりとなる「室内でできる運動」をご紹介するので、天候が悪いときはこちらの運動を行ってみてください。

雨の日の運動 1

足踏み

①
太ももをできるだけ真上に上げるように意識しながら、ややきついペースで3分間、足踏みをする。

②
太ももの高さを意識せず、ゆったりペースで3分間、足踏みをする。

③
ややきついペースでの3分間の足踏み、ゆったりペースでの3分間の足踏みを1セットとして、これを5セット行う。

雨の日の運動 2

スクワット

①
壁にもたれるようにして立つ。

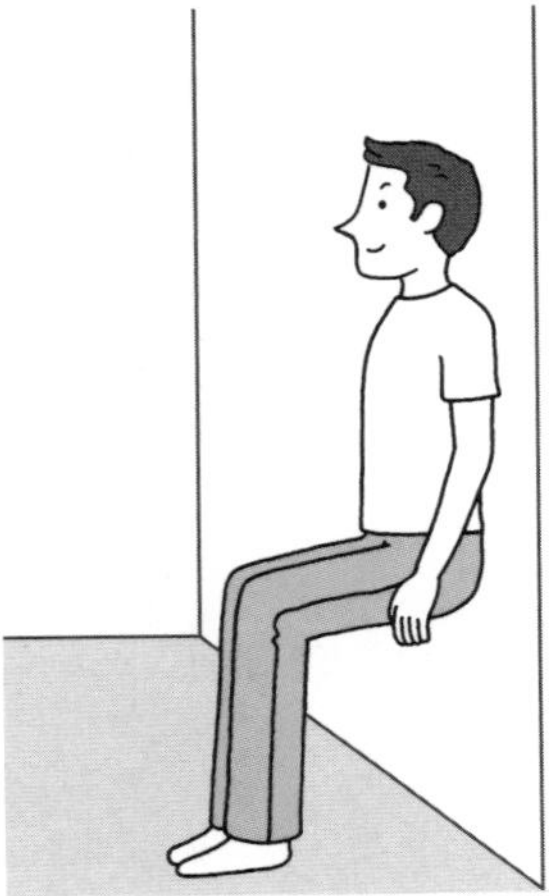

②
背中を壁に着けたまま、できる限りの高さまで膝を曲げ、腰を落とす。これを20回行う。

※ご自身のできる範囲まで膝を曲げられればOKです。転倒防止のため、壁に背を着けて行いましょう。

第4章

医者も薬も遠ざける！
筋トレウォーキングの効果

筋トレウォーキングさえすれば、体はここまで変化する！

ここまで筋トレウォーキングの実践法やその効果についてお伝えしてきました。
筋トレウォーキングが筋肉を増やし、筋力と持久力を一気にアップさせること、生活習慣病予防に効果を示すことが、おわかりいただけたかと思います。

実は、筋トレウォーキングによる「体へのプラスの効果」は、これだけにとどまりません。

肩、腰、膝などの長年の痛みが緩和される、睡眠の質が上がる、アンチエイジングにも効く、自律神経の乱れが整う……など、体の悩みを改善することにも効果を発揮するのです。

本章では、そのような筋トレウォーキングによってもたらされる、体へのうれしい効果について紹介していきます。

手始めに、筋トレウォーキングによって得られる「体調の変化」を次のページにまとめました。

これは、今までの長野県松本市での健康増進事業の取り組みの中で、実際にウォーキングを体験してくださった方々の体の変化を元に作成された、実績に基づく表です。

継続期間ごとに、筋トレウォーキングで得られる効果をまとめてありますので、もし、筋トレウォーキングの継続にくじけそうになったときにも

「最低でも、ここまでは続けよう！」

と、奮起するための材料になるはず。ぜひ、参考にしてみてください。

筋トレウォーキングの効果

1日目	脚や下半身がぽかぽかして、スッキリ感じる。心地よい疲れを感じる。
1週間	汗をかきやすくなり、夏場は体が涼しく感じる。冬場は、体が温かく感じ、薄着で過ごすことができる。
2週間	肥満傾向の人は、体重が1kg程度減少しはじめる。
1カ月	以前より、歩くのが楽になる。「姿勢がよくなった」と周囲から言われる。夜間よく寝られるようになり、昼間の体調もよい。歩かない日は、体がシャキッとせず、一日中だるい感じがする。
2カ月	体が疲れにくくなり、食事の支度や買い物など家事のフットワークが軽くなる。

継続期間ごとに上がる！

3カ月	4カ月	5カ月	1年
風邪をひきにくくなる。うつうつとする日が減る。腰や膝の痛みがとれてくる。	肌にハリがでてくる。脚の格好がよくなる。お尻まわりの肉がとれ、ラインがすっきりする。	筋力・持久力が10％向上し、高血圧、高血糖、肥満の症状が20％改善する。	旅行や山登りなど、以前は体力に自信がなくて控えていたことも、挑戦できるようになる。

『さかえ』2014年5月号「インターバル速歩のススメ」（公益社団法人　日本糖尿病協会）を元に作成

肩・膝・腰…
長年のつらい痛みが消える

年齢を重ねると足腰が弱ってきますが、特に年配の方では膝の痛みを抱えている方が少なくありません。

立ち上がったり、歩いたりするときに痛みが走ったり、正座やしゃがんだりすることが困難になったり、水がたまったり……。膝の故障は日常生活に支障をきたす、とてもやっかいなものです。

膝が痛くなる原因はさまざまですが、体重が重過ぎてその負担に膝が耐えられなくなる、もしくはなんらかの原因で関節の動きが鈍くなるなどが、主な理由だと考えられます。

膝が痛いと、どうしても歩くことを避けてしまいたくなりますが、実は歩くことで痛みを消したり、和らげたりすることができるのです。

私たちの実証実験でも、軽度の慢性膝関節痛をわずらっている方に筋トレウォーキングを5カ月間続けてもらったところ、約半数の人が症状を改善させたという結果が得られました。

これは、速歩きとゆっくり歩きを交互に行うことで、関節を支える組織が強化されたことや、前をまっすぐ見て大きく腕を振ることで姿勢が正され、関節への負担が軽くなったことなどが改善の理由として考えられます。

筋トレウォーキングによって、体重が減ったことも大きな要因でしょう。

膝に痛みがある方でも、かかとからゆっくり着地することを心がければ、意外にややきつい速歩きもすんなり行うことができます。

もし痛みがひどくて、道を歩くのはちょっとこわいなと思われる場合は、第3

章で紹介した「水中での筋トレウォーキング」からはじめてみましょう。

これでしたら、水の浮力で負担が軽減されるのでおすすめです。

また、筋トレウォーキングでは、膝だけでなく、腰の痛みも改善されます。背筋をピンと伸ばして歩くことで、背骨まわりの筋肉が鍛えられ、神経への圧迫が少なくなるからです。

筋トレウォーキングの「痛み消し」の効果はこれだけにとどまりません。

実は、膝や腰だけに限らず、肩や首など直接歩行に関係しない部分の痛みも、筋トレウォーキングを行うことで和らぐのです。

たとえば、首を痛めたり、足をケガしたりして体のどこかに痛みを持ってしまったとしましょう。そうすると人は誰でも、

「私は首を痛めている、痛い、痛い、痛い……いやだなぁ」

と強く思ってしまうのです。自分では意識していないつもりでも、意識が痛みに向きやすくなります。

この「痛いなぁ、いやだなぁ」という強い気持ちが、痛みを生む原因になっているという考え方があります。「病は気から」ではありませんが「痛いなぁ」というネガティブな気持ちが、首の痛みを強く意識させるのです。

ケガをしていて体に痛みを感じる部分があったとしても、面白いテレビを見ているときや、おしゃべりに夢中になっているとき、一瞬、痛みを忘れていた、という経験はありませんか？

筋トレウォーキングにも、この痛みを忘れさせる効果があります。

ウォーキングに取り組むことで、歩くことに意識が集中され、その間痛みを忘れることができるのです。

また、痛みの原因が運動不足である場合には、実際に運動を行うことで体力を強化できるので、痛みの原因を根本から解決することもできます。

痛みには、気持ちも大きく関わります。無理は禁物ですが、とりあえず痛みを忘れるために歩いてみる、それだけで長年の痛みから解放されるかもしれません。

老けの原因「体の酸化」も防止する！

「アンチエイジング」という言葉も、すっかり定着しましたね。テレビでも、雑誌などの特集でも、よく見聞きする方も多いでしょう。

アンチエイジングとは、年をとることによって起こる老化の原因を抑制し、体の老化を予防したり、改善したりすることを指します。

老化を予防できるとあれば、女性はもちろん、男性であっても気にならない方はいないでしょう。筋トレウォーキングは、このアンチエイジングにも絶大な効果を発揮します。

老化の原因として注目されているものの1つに「体の酸化」があります。

酸化というとピンとこない方も多いかもしれませんが、金属が錆《さ》びていく様子を思い浮かべてください。

体の酸化もこれと同様です。酸化は、過剰な「活性酸素」によって私たちの細胞や酵素がダメージを受けて錆びていってしまう現象で、シワやシミ、動脈硬化などの老化現象を引き起こす原因として考えられています。

活性酸素は、ストレスや不規則な食生活などによって発生するのですが、実は第1章で登場したミトコンドリアも、活性酸素の発生に大きく関わっています。

わかりやすく考えるために、人の体を車にたとえてみましょう。

体が車の本体、ミトコンドリアがエンジン、食べ物と酸素がガソリンだと考えてみてください。

体を動かすとミトコンドリアはエネルギーを生みだすために、ガソリンを燃やしていきます。ガソリンが燃えると、排ガスが吐きだされますね。この排ガスが活性酸素です。エンジンであるミトコンドリアの機能が、老化や運動不足で衰えると、そこからでてくる排ガスも真っ黒な体に悪いものになり、細胞や酵素を傷つけてしまいます。

しかし、運動を行うことによって、ミトコンドリア（エンジン）を元気にすると、活性酸素（真っ黒な排ガス）が発生しにくくなるのです。

ミトコンドリアは活性酸素を生みだす一方で、SOD（スーパー・オキシド・ディスムターゼ）という抗酸化酵素も備えています。そのため、ミトコンドリアが活性化した元気な状態であれば、このSOD酵素が有効に働き、活性酸素を除去してくれるのです。

適度な運動は体を健康にし、体の中を錆びさせない。

筋トレウォーキングはアンチエイジングにとっても、大切な習慣なのです。

若返りの要「成長ホルモン」を分泌させる

引き続き、アンチエイジングについての話をしましょう。

アンチエイジングのために大切なこととして、もう1つ「ホルモン分泌を促すこと」があります。

中でもアンチエイジングにとって大切なのが「成長ホルモン」などに代表される、体のタンパク質合成を促すタンパク同化ホルモンです。

これは、体の成長や肌の組織の新陳代謝を促すホルモンで、俗に若返りのホルモンとも呼ばれます。

加齢と共に、体中のさまざまなホルモン分泌量は減っていくのですが、もちろんこのホルモンも、加齢に伴って減少していきます。

このホルモンの分泌量が少なくなると、疲労した筋肉の修復スピードが遅くなったり、肌の保湿力が低下してハリがなくなったり、髪の毛のツヤがなくなったりするなど、全身の老化現象が加速していきます。

もちろん、体の機能が全体的に衰えるので、シワや白髪が増えるといった美容面への影響を及ぼすばかりでなく、病気やケガに悩まされるきっかけをつくることも少なくありません。

見た目も中身も「老けない体」でいるためには、成長ホルモンなどのタンパク同化ホルモンのじゅうぶんな分泌が欠かせないのです。

実は、これらのホルモンの分泌量を増やすのにも、筋トレウォーキングは有効です。

成長ホルモンなどのタンパク同化ホルモンは、スクワットや腕立て伏せなどの

筋力トレーニングを行った後に多く分泌されることがわかっています。

これは、ややきつい運動をしたときに、筋肉の中に発生する、乳酸などの化学物質の上昇が、ホルモン分泌を促す脳の器官を刺激するためです。

特に筋トレウォーキングで鍛えることができる下半身は、筋肉の量が多いので、より効率的にホルモン分泌を促すことができます。

実際に筋トレウォーキングを継続してくださっている方の多くは、男女問わず、どんどん肌ツヤがよくなり、見た目も若返っていきます。

筋トレウォーキングで適度に体を動かし鍛えることで、成長ホルモンの分泌を促し、体の酸化を防いでいるため、体の中から若返ることができているのですね。

アンチエイジングというと、どうしても薬や化粧品に頼りたくなりますが、一番効果的なのは、自分の体の中にある「若返りの力」を呼び覚ますこと。

筋トレウォーキングを続けることで、自分が本来持っている若返りの力を、存分に発揮できる体に変わることもできるのです。

自律神経の乱れが整い、毎日が充実する

ストレスの多い現代は、自律神経の乱れが生じやすい時代です。この本を読んでいる方の中にも、自律神経失調症をわずらったことのある方、今もその症状に苦しんでいる方もいらっしゃるかもしれません。

自律神経の乱れの主な原因は、肉体的・精神的ストレス。職場やプライベートでの人間関係、騒音や暑さ・寒さなどの環境、体調、不摂生などのさまざまな要素によるストレスが心に不安を与えると、ストレスに対抗しようとして「交感神経」が過剰に働くことになり、自律神経の乱れが生じます。

自律神経とは、消化器・血管系・内分泌腺《ないぶんぴつせん》などの機能を調節する働きをする神経。この自律神経の中に、交感神経と副交感神経という相反する働きの2つの神経が同居しています。

緊張しているとき、怒っているときに活発になるのが、交感神経。反対にリラックスしているとき、休息をとっているときに活発になるのが副交感神経です。

この2つの神経がバランスよく機能することで、私たちの体は正常に保たれているのですが、強いストレスがかかったり、緊張状態が長く続いたりすると、交感神経ばかりが活発になってしまい、結果、自律神経が乱れることになるのです。

自律神経の乱れに伴って、心と体には、さまざまな症状が現れます。

個人差はありますが、全身の倦怠感、頭痛、肩こり、不眠などがよくある症状です。風邪もひいていないのに毎日だるい、なぜか寝つきが悪いという方は自覚がないだけで、自律神経の乱れが原因になっている場合もあるので、要注意です。

自律神経は私たちの意思でコントロールできないところで働いているのですが、日々の行動や習慣によって、その働きを正常な状態に近づけることが可能です。

実は、筋トレウォーキングにも、活発になりがちな交感神経の働きを抑え、副交感神経を優位にさせる「自律神経を整える効果」があります。


一例を挙げてみましょう。交感神経の働きの1つに「血圧を正常に保つ」というものがあります。横になった姿勢から急に立ち上がったとき、立ちくらみを起こしたことはありませんか？　しばらくするとその症状はなくなりますよね。それは立ち上がったときに起きる血圧の低下を血管内のセンサーが感じ、その情報を脳に伝えることで、交感神経を働かせ、血圧を正常に保っているからなのです。

このセンサーは、血管壁の伸び縮みを感じているのですが、加齢による動脈硬化のために血管壁が硬くなってしまうと、血圧が下がっていないときでも、脳に

「血圧が下がっている」という誤った情報を伝えてしまいます。そして絶えず交感神経が興奮している状態をつくり、血圧を上昇させてしまうのです。

しかし、筋トレウォーキングによって動脈の壁をやわらかくし、センサーの機能を正常に戻すことができれば、交感神経の異常な興奮も起こりにくくなり、副交感神経との活動バランスが正常になります。

また、自律神経の乱れは「生活リズム」の乱れに強く影響されます。交感神経の活動には、昼間高くなり、夜低くなるという1日の中での一定のリズムがあります。つい夜更かしをしたり、休みの日は昼まで寝たり……。そうやって生活リズムが乱れると、それにつられ、自律神経のリズムも狂ってしまうのです。

これにも、筋トレウォーキングは効果を発揮します。適度な運動をすると体に心地よい疲れが残り、夜はぐっすり眠れますよね。夜にしっかり眠ることができれば、翌朝の目覚めもすっきりし、生活全体のリズムも整うようになります。

筋トレウォーキングを日々に組み込むことで、生活リズムを正し、結果として自律神経も整えることができるのです。

ただ激しい運動は、交感神経を強く刺激してしまい、自律神経の乱れにつながる可能性があるので注意。筋トレウォーキングのような適度な運動が、最適です。

睡眠の質が向上し、いつでもグッスリ

年を重ねるごとに「なんだか眠りが浅くなったな……」と感じる人は多いでしょう。筋トレウォーキングには、加齢と共に悪くなってくる睡眠の質を向上させる力もあります。

実際に、私たちが取りまとめた体験者の体の変化でも、はじめてから約1カ月で「よく寝られるようになった」と感じる人が多くいることがわかります。

さらに、このことは実証実験でも証明されています。

5カ月間、筋トレウォーキングを続けると、夜中などに起きる回数や時間が減り、筋肉が増えて筋力・持久力がついた人ほど、朝までぐっすりと眠れるように

なったのです。

なぜ、筋トレウォーキングを続けると、睡眠の質が上がるのでしょうか。

先ほど、「自律神経の乱れが整い、毎日が充実する」の項目でもお伝えしたように、筋トレウォーキングを行うことで、体が適度に疲れて、すっと眠りに入れるようになるというのも理由としてあるでしょう。

さらに、他にも大きく分けて２つの理由があると、私は考えています。

１つ目は、いわゆる体内時計が整うことです。

私たちの体は、人間の生体リズムをつくりだす「ペースメーカー」である体内時計の指令のもとに、すべての細胞や器官が同調して機能しています。

体内時計をもとにして、体温、血圧、代謝、ホルモン分泌などの生体機能のほとんどが、24時間周期で変動し、その時間にあった状態に体を整えます。これは、人間だけでなく、動物、植物、菌類などにも存在している機能です。

しかし、この体内時計は、加齢と共に劣化してしまうため、年をとると体内時計のリズムが乱れはじめます。その結果、よく眠れなくなるのです。

この体内時計に刺激を与え、本来のリズムを取り戻すために有効なのが、外からの刺激です。たとえば、「朝の光を浴びて、体内時計をリセットしよう」という言葉を聞いたことがある方もいるかもしれませんね。日中に光を一定量浴びることで、体内時計はそのリズムを取り戻しやすくなります。

さらに、筋トレウォーキングをすると、運動の刺激も加わり、1日のある決まった時刻に筋トレウォーキングをすることが、乱れた体内時計にリセットをかけるのです。その他、決まった時間にしっかり食事をとることも体内時計を正常に戻すのに有効だといわれています。


2つ目として、私は、脳の血流改善を考えています。

筋トレウォーキングによって動脈の血管の壁がやわらかくなる可能性があることを先で述べました。首の動脈の壁がやわらかくなれば、その先にある脳にもたくさんの血液が流れると、私は考えています。

この脳の血流の改善によって、体内時計の要ともいえる脳の視交叉上核《しこうさ》という領域にもしっかり血液が行き届くようになります。血液がしっかりと行き届くようになれば、その部分の機能は改善します。この結果、体内時計がしっかりとリズムを刻めるようになると考えられるのです。

体内時計が整えば、夜にぐっすり眠れるようになるだけでなく、日中は体がシャキッとし、仕事や家事などもはかどります。結果として、メリハリのついた充実した1日を送れるようになります。

日本人の死因第1位の「がん」も予防する

筋トレウォーキングをはじめとする適度な運動には、がんを予防する力もあるといわれています。

「運動でがん予防」といわれても、ピンとこない方もいらっしゃるかもしれませんが、国立がん研究センターが提唱する「がんリスクを減らす健康習慣」の中でも、「身体を動かすこと」が推奨されています。

毎日こまめに体を動かすこと、もしくは積極的に運動する時間をとることが、がんの予防につながるからです。実際に、国立がん研究センターの調査によると、1日の身体活動量が高い人ほど、がん全体の発症リスクが低いことがわかっています。

なぜ運動をすることで、がんを予防できるのでしょうか。

これに関しては、いろいろな説がありますが、私は**運動をすることでミトコンドリアを活性化させ、がんやその他の生活習慣病の火種となりうる炎症性サイトカインの産生を抑制すること**が、大きな理由だと考えています。

先に、加齢によりミトコンドリアの機能が衰えると、活性酸素が発生し、それが体を錆びさせるということはお話ししました。実は、この過剰な活性酸素は体を老化させるだけでなく、細胞を守っている細胞膜やＤＮＡを傷つけて、炎症性サイトカインの産生を刺激して、がんを引き起こすこともあるといわれています。

したがって、適度な運動を行うことでミトコンドリアを活発化することによって、過剰な活性酸素の発生を抑えることができ、がんを予防することになると考えられるのです。

また女性の場合は、**運動をすることによって余分な脂肪を減らすことも、がんの予防になります。**脂肪組織は女性ホルモン様化学物質を産生するのですが、乳がんや子宮頸《けい》がんなどは、女性ホルモンに反応するので、脂肪が増えると再発のリスクが高くなるといわれています。したがって、運動で余分な脂肪を減らすことで、これらのがんのリスクを減らすこともできるのです。

このようにメカニズムはさまざまですが、適度な運動には、がん予防の効果があることがわかっています。

筋トレウォーキングは、一生健康で生き続けるために必要な「体の保険」ともいえるかもしれません。

自分の中の「治る力」を呼び覚ます

ここまで、筋トレウォーキングの健康効果をお伝えしてきましたが、いかがでしたか。

「まさかこんなことにも効くなんて」という驚きや発見を少しでも感じていただければ、こんなにうれしいことはありません。

こんなことをいうと誤解を生むかもしれないのですが、私は適度な運動さえすれば、医者も薬もいらない生活を送れるようになるのではないかと考えています。

現代の医療は、対症療法に因《よ》るところが大きくあります。風邪をひいたら鼻水や咳をとめる薬を飲む、血圧が上がれば血圧を下げる薬を飲む……。

今は、いい薬がたくさんありますから、単純に症状だけを抑えるための治療は手軽にできます。ただ、結果として、その薬が体の他の部分に影響を及ぼす可能性があるのをご存じでしょうか。

たとえば、高血圧がいい例でしょう。血圧を低くするための降圧薬の一部には、体液量、つまり体の中の水分量を減少させる作用があります。高血圧の薬を飲むと体内の水分と塩分が不足していくので、夏場にこの薬を飲んでいる方は、子どもや高齢者と同様、熱中症にかかるリスクが高まると考えられるのです。

いたしかたないことかもしれませんが、薬にはこういった「副作用」が生じます。元々体内に存在しない異物を使って、体を無理やり操作しているのですから、体全体のバランスが崩れるのは、当たり前だといえるかもしれません。

ただ、まったく副作用のない「薬」もあります。それが、運動です。

これまで述べてきたように、運動をすると体の中でそれに付随するさまざまな反応が起こります。

体を動かすことで血行がよくなる、血行がよくなるから、筋肉がほぐれ体も心もリラックスできる。

また、運動によってミトコンドリアが活性化することで、体の酸化を防ぎ、炎症物質の暴走を抑え、生活習慣病を予防することができる――。

当然ですが、これらの効果は体の一部分を勝手に操作したことによって、得られるわけではありません。運動に対する、体全体の「自然な反応」の結果ですから、もちろん副作用もないのです。

このように、運動は、自分の体の中にある「治る力」「病気を防ぐ力」を呼び覚まし、高めてくれる唯一無二の薬だと考えられるのです。

もちろん、すぐに薬や治療をやめろなどという無茶なことはいいません。

薬を飲んでいても結構ですので、ぜひ並行して筋トレウォーキングなどの運動もはじめてみてください。

そうすれば、いつの間にか薬がいらない体に、あなたの体が変わっていくはずです。

実際に私が運動指導を行っている、健康スポーツ教室に来てくださっている方々の中にも、運動によって自分の中の治癒力を高め、薬や病院通いをやめることができた方々がたくさんいらっしゃいます。

あなたの体が本当にほしがっているのは病院で手に入る薬ではなく、自分の体の力を高める「運動という薬」ではないでしょうか。

それを手に入れるきっかけとして、いつでも簡単にはじめることができる、筋トレウォーキングを活用してほしいというのが、私の切なる願いなのです。

第5章

よくある疑問を解消！
筋トレウォーキングQ&A

Q 筋トレウォーキングをするのに適した時間帯はありますか？

A ウォーキングに最も適した時間帯はレイトアフタヌーン、つまり、夕方の4～5時です。

午後のこの時間帯は朝からじゅうぶん体を動かしているので、エネルギー代謝や心肺機能の活動が活発になっています。そのため運動を効果的に行うことができるのです。さらに夕方の時間は、一日の中で筋肉がいちばんほぐれている時間帯なので、肉離れやアキレス腱の断裂といった事故が起こりづらくなります。

もし、冷え性やうまくいかないダイエットに悩んでいるようであれば、朝に筋トレウォーキングをするのもよいでしょう。

朝に筋トレウォーキングを行うと体温を一気に上げ、日中の活動に生産性をアップできます。

ただ、朝のウォーキングの前には必ずストレッチを行うよう心がけましょう。朝は筋肉が硬直していることも多く、体をほぐしてから運動を行わないと、思わぬ事故につながる可能性もあります。

筋トレウォーキングをはじめようとしている方の中には、仕事や家事などが終わった夜の時間をウォーキングにあてようと思っている方もいると思いますが、20時以降の遅い時間にするウォーキングは、体を興奮させ、スムーズに眠りにつけなくなってしまう可能性もあるため、注意が必要です。

Q どんな服装がいいですか？ また、用意するものはありますか？

A

服装は季節に合わせた、動きやすい格好で取り組んでいただければよいでしょう。動きやすい格好で、できるときにウォーキングをして、気負わず気長にウォーキングを続けていただくことが一番です。

もし、きちんとしたスポーツウェアをそろえたいという場合であれば、通気性がよく、速乾性のあるものを選ぶようにしましょう。素材は、ポリエステルなどの化繊がおすすめです。

また、できれば用意したほうがよいものは次の5つです。

①ウォーキングシューズ

シューズは、ウォーキング用のものをおすすめします。

自分の足にぴったりあっていれば、基本的にはＯＫ。これから購入される方は、次の３つのポイントを念頭に置きながら選んでみてください。

1. かかとのクッション性が高いもの
2. 靴底が厚く、柔軟性があるもの
3. つま先に少し余裕があるもの

ウォーキングをすると足が膨張します。もしサイズで迷ったら、普段より少しだけ大きめのシューズを選ぶといいでしょう。

②タオル

季節や着ている洋服にかかわらず、かいた汗をそのままにしておくと、汗で体が冷えて風邪をひいてしまう可能性があるので、タオルがあると便利です。

③帽子

夏は、熱中症や日射病を予防するために、必ず帽子をかぶってください。

④マスク

乾燥しやすい冬場は、マスクをしてウォーキングをしている方もいらっしゃいます。マスクは寒さ予防にもなりますし、喉を守ることもできます。喉が弱い方は特に、乾燥や風邪予防にマスクをして歩くのもいいでしょう。

⑤腕時計・ストップウォッチ

3分間を正確に計るためにも、ぜひ活用してください。

ウォーキングに適した服装例

夏場
暑さ対策に
必ず帽子を
かぶって！
汗がすぐに乾く
“速乾性”の
あるものを

冬場
防寒性や保
温性のある
ものを
パンツは伸縮性
があるものを

Q 一度にまとめて「速歩き」したほうが効果がありますか？

A 結論からいいますと、「きつい運動を長く行っても、あまり効果はない」です。

基本的には健康を保つには、1週間に合計60分程度のややきつい運動をすればよいといわれています。

さらには、1日30分以上のややきつい運動をすることは「ケガの危険性が増す」「活性酸素が過剰に発生する」という説もあります。

また、一度に長時間、きつい運動をしていると、大量の活性酸素が産生されますが、それを自分で代謝できなくなり、〝体のサビ〟を引き起こしてしまうこともあるのです。筋トレウォーキング程度の運動レベルなら、体の中のビタミンCなどが活性酸素を代謝・吸収してくれますが、それ以上の運動をし過ぎるとそれが追いつかなくなります。

運動を続けて筋肉のミトコンドリアの機能が活性化していけば、この活性酸素の代謝を活発にすることはできますが、まだそうでない段階では、ただ活性酸素を増やすだけにもなりかねません。

加えて、きつい運動を一度に長時間行うためには、非常に強い気持ちが必要です。そのため、多くの方が挫折し、運動そのものをやめてしまいます。

継続を考えるのなら、基本の筋トレウォーキングを日課に組み込んで、人生を通して運動を続けるのがよいでしょう。

Q ウォーキングのあと、喉がかわきません。そういうときは、何も飲まなくてもいいですか？

A

これは、比較的高齢の方に多い質問です。なぜなら「喉がかわかない」というのは、一種の老化現象なのです。

ではなぜ、加齢と共に喉がかわきにくくなるのでしょうか。

喉のかわきを促進するのは2つ。しょっぱいものを食べたときに水分を欲する「浸透圧性の刺激」と、血液量を増やそうとする「容量性の刺激」です。

「浸透圧性の刺激」は何歳になってもあまり減退することがありません。塩辛いものを食べると喉がかわく、あの現象です。

しかし「容量性の刺激」は、加齢とともに心臓の壁にハリがなくなることに影響を受けます。心臓の壁にハリがなくなると、体の血液量の変化がわからなくなり、体に水分が必要か否かもわからなくなるのです。そのため、この変化は加齢と共に起きやすく、年をとると共に体の中の水分量も減ってしまうのです。

筋トレウォーキングでは、ややきつめの運動によって汗をかきます。汗をかいたぶん、水分補給をしなくてはなりません。自覚的な喉のかわきがなくても、体は水分を欲しています。運動中は熱中症予防のためにスポーツドリンクがおすすめですが、運動後1時間内は、コップ1~2杯の牛乳を飲んでください。

ここで運動+牛乳の効果をおさらいしましょう。

「①筋肉量が増える　②筋肉量が増えるため基礎代謝量も増える　③血液量が増えて体温調節機能が上がる」牛乳を飲まないほうが損というほど、いいことだらけなのです。

Q どのくらい継続すれば効果がでますか？

A 最低でも2週間続けていただければ、効果を実感できるはずです。

これまでの長野県での健康増進事業の取り組みの中で、2週間継続した人の多くに「体重が1kg減った」など目に見えるうれしい効果がでたことが、報告されています。また、私自身も2週間続けたあたりから、体重が減り、血圧がどんどん下がるという効果を実感できました。

2週間の継続といっても、筋トレウォーキングでは、毎日必ず歩く必要はないことは先にお伝えしましたね。1週間の間に合計で120分以上筋トレウォーキングができればよいので、気楽に続けてみてください。

Q　3分間はきっちり計らないとだめですか？

A

筋トレウォーキングをするとき、皆さん、しっかり3分間計ろうとしてくださいますが、絶対3分歩かなければいけない！　ということはありません。筋トレウォーキングを続けることが大切なので、あまり神経質になり過ぎず、時計やストップウォッチを活用しながら、だいたい3分のところで、歩き方を切り替えましょう。

歩きながら時計を見るのがわずらわしいという方におすすめなのが、スマートフォン用に開発した筋トレウォーキング（インターバル速歩）用のアプリです。現在はiPhoneの方限定になりますが、次のページにQRコードを載せたので、ぜひ試してみてください。3分単位で音楽が鳴るので、時計を見る必要もないですし、歩いたデータの記録もこのアプリ内でできるので、大変便利です。

「インターバル速歩」無料体験版
スマートフォン用アプリ（iPhone対応）

おわりに

本書は2015年初版の「いくつになっても自分で歩ける！「筋トレ」ウォーキング」の文字を大きく、最近の新しい知見も入れて、さらにわかりやすくリメイクした実践本です。

私たちは、本書で書かれている筋トレウォーキングを正式には「インターバル速歩」と呼んでいますが、最近、以前にも増して、あちこちのメディア、学術雑誌に取り上げられるようになってきました。

特に、最近うれしかったのが、米国生理学会が発行する『Comprehensive Physiology（総合生理学）』という学術雑誌に、私たちの「インターバル速歩」

の過去20年足らずの一連の研究内容が詳しく紹介されたことです。

この雑誌は、世界の医師、研究者、学生が、健康増進のための運動処方の研究を始めようとする際に、まず目を通すいわば生理学の教科書とされている権威ある学術雑誌です。


このようにインターバル速歩は、科学に裏付けされたウォーキング方法として、今後、世界中に広く普及していくことが期待されます。「科学に裏付けされた」とは非常に高い確率でその効果が保証されているということです。

さあ、今日からインターバル速歩をはじめましょう。必ず皆さんも「科学」を実感されるでしょう。

【参考文献・出典】

『医科生理学展望』（原書、6版）松田幸次郎、他／共訳（丸善）

『やさしい生理学』（改訂第6版）彼末一之、能勢博／編（南江堂）

『標準生理学』（第8版）小澤瀞司、福田康一郎／監修（医学書院）

『新運動生理学』（上巻、下巻）宮村実晴／編（真興交易医書出版部）

『「歩き方を変える」だけで10歳若返る』能勢博／著（主婦と生活社）

『さかえ』２０１４年1月号～12月号（公益社団法人　日本糖尿病協会）

『ウォーキングの科学』能勢博／著（講談社ブルーバックス）

Haskell WL et al.（1998）Effects of exercise training on health and physical functioning in older persons. In: The 1997 Nagano Symposium on Sports Sciences, ed. by Nose H and Nadel ER, pp399-417.

Rowell L.B. Human Circulation: Regulation during Physical Stress, Oxford University Press, New York, 1986.

Handschin C. and Spiegelman B.M.: Nature 454: 463-469, 2008.

Nose H.et al.: J. Physiol.（Lond.）587: 5569-5575, 2009.

Nakajima K. et al.: Int. J. Sports Med. 30: 1-5, 2010.

Morikawa M. et al.: British J. of Sports Med. 45: 216-224, 2011.
Masuki S et al. Mayo Clin Proc 94: 2415-2426, 2019.
Masuki S et al. Comprehensive Physiol, in press, 2020.

青春新書
PLAYBOOKS

人生を自由自在に活動《プレイ》する

人生の活動源として

いま要求される新しい気運は、最も現実的な生々しい時代に吐息する大衆の活力と活動源である。

文明はすべてを合理化し、自主的精神はますます衰退に瀕し、自由は奪われようとしている今日、プレイブックスに課せられた役割と必要は広く新鮮な願いとなろう。

いわゆる知識人にもとめる書物は数多く窺うまでもない。

本刊行は、在来の観念類型を打破し、謂わば現代生活の機能に即する潤滑油として、逞しい生命を吹込もうとするものである。

われわれの現状は、埃りと騒音に紛れ、雑踏に苛まれ、あくせく追われる仕事に、日々の不安は健全な精神生活を妨げる圧迫感となり、まさに現実はストレス症状を呈している。

プレイブックスは、それらすべてのうっ積を吹きとばし、自由闊達な活動力を培養し、勇気と自信を生みだす最も楽しいシリーズたらんことを、われわれは鋭意貫かんとするものである。

—創始者のことば— 小澤和一

著者紹介

能勢博〈のせ　ひろし〉

信州大学医学部特任教授。医学博士。京都府立医科大学医学部医学科卒業。米イェール大学、京都府立医科大学などを経て1995年信州大学医学部教授、2003年信州大学大学院医学研究科教授、2018年より現職。信州大学、長野県松本市、民間企業、そして市民が参画する健康づくり事業「熟年体育大学」の運営組織であるNPO法人熟年体育大学リサーチセンターで、理事長・副理事長を務め「インターバル速歩」(「筋トレ」ウォーキング)を指導。これまで約15年間で、8700人以上の中高年に運動指導を行ってきた。著書に『見た目も体も10歳若返るリズムウォーキング』(小社刊)などがある。

健康寿命《けんこうじゅみょう》が10歳《さい》延《の》びる
「筋《きん》トレ」ウォーキング　決定版《けっていばん》　青春新書 PLAYBOOKS

2020年6月25日　第1刷

著　者　能《の》勢《せ》　博《ひろし》

発行者　小澤源太郎

責任編集　株式会社プライム涌光

電話　編集部　03(3203)2850

発行所　東京都新宿区若松町12番1号 〒162-0056　株式会社青春出版社

電話　営業部　03(3207)1916　振替番号　00190-7-98602

印刷・図書印刷　製本・フォーネット社

ISBN978-4-413-21164-2